NOTRE-DAME-DES-VICTOIRES

Nicole Frugier

Nicole Frugier, née en 1947, fréquente la basilique de Notre-Dame-des-Victoires à Paris depuis 28 ans.

Tombée sous le charme de ce sanctuaire marial rempli de ferveur et riche en histoire, la dévotion envers la Sainte Vierge l'a poussée à se mettre au service de cette belle basilique.

Bénévole à l'accueil plusieurs fois par semaine, elle est aussi secrétaire de l'Archiconfrérie du très saint et Immaculé Cœur de Marie pour la conversion des pécheurs, connue dans le monde entier.

Un pas supplémentaire fut franchi en 2021.

La découverte d'un ex-voto oublié dans la crypte, lié à la Commune de Paris en 1871 où l'église fut saccagée, donna l'idée au curé recteur le père Antoine d'Augustin, qu'une conférence explique ce qu'il s'était passé 150 ans auparavant.

L'ex-voto fut béni et remis à l'honneur à l'autel de la Sainte Vierge car cette plaque de marbre est due à un homme qui sauva la statue lors du pillage du sanctuaire.

Depuis deux ans, Nicole Frugier, passionnée d'histoire, donne des conférences le troisième samedi du mois à propos de l'histoire et de la spiritualité de la basilique.

Ces conférences sont disponibles sur le site internet du sanctuaire.

NOTRE-DAME-DES-VICTOIRES

Nicole Frugier

Édition : BoD · Books on Demand GmbH, In de Tarpen 42,
22848 Norderstedt (Allemagne)
Impression : Libri Plureos GmbH, Friedensallee 273, 22763 Hamburg (Allemagne)
ISBN : 978-2-3225-4083-9

Transcription, correction et mise en page : Eva Frugier

Illustrations et couverture : Eva Frugier

Dépôt légal : Décembre 2024

Notre-Dame-des-Victoires :
l'ex-voto du roi Louis XIII

En 1628, des religieux de l'ordre des Augustins déchaussés, acquièrent des terrains à Paris dans le faubourg Montmartre, pour y construire un couvent et une chapelle, car les locaux où ils se trouvaient étaient devenus trop exigus.

Se concertant sur le choix d'un fondateur, ils conclurent qu'il fallait supplier le roi Louis XIII de leur faire cet honneur.

Le 5 novembre 1629, le père Anselme de Sainte-Marguerite, prieur, accompagné du père Fulgence de Sainte-Monique, se rendent à Saint-Germain-en-Laye, là où réside la famille royale et présentent leur requête au roi. Celui-ci les accueillit avec bonté et se déclara tout de suite fondateur de leur église. Il posa une condition : que cette église se nommerait Notre-Dame-des-Victoires.

Le roi Louis XIII avait une dévotion particulière pour la Vierge Marie.

Il avait mené quelques années avant plusieurs batailles dont la plus célèbre fut le siège de la ville de La Rochelle. Cette ville était aux mains des protestants. Le roi s'en empara et entra dans la ville le 12 novembre 1628. Le tableau de Carl Van Loo situé au fond du chœur, y fait allusion. Devant La Rochelle Louis XIII prononça deux vœux :

Le premier était que si le ciel le rendait maître de la ville, il y ferait triompher le Saint-Sacrement par une procession.

Le deuxième était de bâtir une église en l'honneur de la Vierge Marie. Et si la victoire lui était accordée de nommer cette église Notre-Dame-des-Victoires.

Louis était profondément désireux de mettre le Royaume de France sous la protection de la Vierge Marie. Ce sont les prémices du vœu de Louis XIII qui aura lieu en 1638.

Le 8 décembre 1629, l'archevêque de Paris monseigneur de Gondi, planta une croix à l'endroit destiné pour la construction de la nouvelle église. Le 9 décembre 1629 le roi vint poser la première pierre située à l'entrée du chœur à droite. Il posa en même temps aux quatre coins, des médailles en argent.

La première médaille représentait Notre-Dame-des-Victoires : la Vierge est debout, de la main droite elle tient une couronne fermée, au-dessus de la lettre L placée entre deux palmes, un ange la soutient, trois autres anges tenant des palmes entourent la Vierge Marie.

La deuxième médaille représentait saint Augustin habillé en moine déchaussé, il tient de la main droite une église et de l'autre un cœur enflammé percé d'une flèche.

Saint Augustin sera le patron du couvent.

La troisième médaille représentait l'effusion en buste du roi Louis XIII.

Sur la quatrième médaille, sont gravées les armoiries de France et de Navarre entourées de deux branches de lauriers.

Sur cette pierre, est gravée en lettres d'or, l'inscription suivante : « À la gloire de Dieu très bon et très grand Louis XIII par la grâce de Dieu roi chrétien de France et de Navarre partout victorieux, toujours invincible ; après avoir remporté tant de victoires insignes, par la faveur du ciel, humilié l'orgueil de ses ennemis et l'insolence de l'hérésie, pour marquer à jamais sa piété, a fondé en souvenir de l'extirpation de l'hérésie, cette église des Augustins déchaussés au couvent de Paris, sous le titre de Notre-Dame-des-Victoires. L'an de grâce 1629, le 9 décembre en la vingtième année de son règne ».

Une messe s'ensuivit dans la chapelle disposée à cet effet. Le roi accorda les mêmes privilèges droits et franchises dont jouissent les fondations royales. Le 6 janvier 1638 il donna ses propres armoiries offrant ainsi sa couronne et les Lys de France. Ces armoiries représentent Notre-Dame-des-Victoires en argent, elle

est en pied au milieu de l'écu blasonné du blason de France :
d'azur à trois fleurs de Lys d'or ; une de chaque côté de la Vierge,
la troisième sous ses pieds.

La Vierge porte sur la tête une couronne fermée, sur l'un de ses
bras elle tient l'Enfant Jésus et de la main libre elle présente une
palme (la palme de la victoire).

L'année 1638 sera aussi celle du vœu de Louis XIV successeur de
Louis XIII, confirma les armoiries données à Notre-Dame-des-
Victoires, et fit connaître que ces religieux étaient placés sous la
protection spéciale des rois de France.

Le Vœu de Louis XIII

Le vœu de Louis XIII c'est la consécration de la France à la très Sainte Vierge.

Des Bourbons, le roi Louis XIII avait hérité de leur culte pour la Vierge Marie, il la priait et la chantait.

Le 5 octobre 1614, le roi alla consacrer sa majorité à Notre-Dame-des-Vertus d'Aubervilliers.

En 1636, le roi était en guerre contre les Espagnols. Sous la pression du cardinal de Richelieu, Louis XIII songe à faire un vœu à la Vierge Marie pour attirer du ciel les bénédictions des armées.

Une lettre du cardinal au roi en date du 19 mai 1636 y fait clairement allusion.

Le 1 juin 1636, le roi est déterminé à prononcer son vœu mais seulement en particulier.

À cette occasion, une lampe en argent continuellement allumée est installée à Notre-Dame de Paris dans la chapelle de la Vierge devant l'autel. À quelle date le roi prononça-t-il son vœu ? Nous ne le savons pas.

Le 15 août 1636, la ville de Corbie en Picardie est envahie par les Espagnols et la situation du roi de France est très critique.

Le 17 novembre 1636, le roi est vainqueur et le 22 novembre il se rend à Notre-Dame de Paris pour rendre grâce à Dieu de l'heureux succès de ses entreprises.

À cette occasion, 44 drapeaux sont apportés dans la cathédrale.

C'est durant l'année 1637 que le vœu à la Vierge Marie est rédigé en partie par le cardinal de Richelieu et son éminence grise le père Joseph qui était un capucin.

Arrivé à la fin de cette année, les choses s'accélèrent.

Le frère Fiacre, Augustin déchaussé à Notre-Dame-des-Victoires, bénéficie de la vision de la Vierge Marie le 3 novembre 1637.

Le vitrail de la chapelle de Saint-Augustin y fait clairement allusion.

C'est l'annonce de la naissance du Dauphin, le futur Louis XIV.

Le 7 janvier 1638, le frère Fiacre est envoyé à Notre-Dame-de-Grâces près de Cotignac dans le Var, afin de faire une neuvaine pour l'heureuse délivrance de la reine qui est enceinte.

Le 10 février 1638, une ordonnance est édictée à Saint-Germain-en-Laye pour consacrer la France à la Vierge Marie.

Je vous cite le début du texte : « Déclaration du roi, par laquelle Sa Majesté déclare qu'elle a pris la très Sainte et glorieuse Vierge pour protectrice spéciale de son Royaume. Louis, par la grâce de Dieu, roi de France et de Navarre… Nous lui consacrons particulièrement notre personne, notre état, notre couronne et nos sujets … »

S'en suivent des admonestations à l'archevêque de Paris de l'époque monseigneur de Gondi afin de faire après les Vêpres, une procession solennelle tous les 15 août.

Cet ordre est étendu à tous les évêques du Royaume : « La même solennité doit être célébrée dans les églises épiscopales et les autres églises. À ladite cérémonie, les cours des parlements, les principaux officiers des villes doivent y être représentés. Pour les églises qui ne sont pas dédiées à la Sainte Vierge, ordre est donné de lui dédier la chapelle principale pour célébrer la cérémonie, et d'y élever un autel avec un ornement convenable.

Les peuples sont exhortés à avoir une dévotion particulière à la Vierge Marie et d'implorer sa protection chaque 15 août.

Le texte se termine ainsi : « Donné à Saint-Germain-en-Laye le dixième jour de février, l'an de grâce 1638 et de notre règne le vingt-huitième. » Signé Louis.

Le 6 août 1638, le roi demande à Mathieu Molé, premier président du Parlement, de transmettre l'ordonnance afin de mettre en œuvre les cérémonies du 15 août.

La consécration est prononcée par le roi en la chapelle des Minimes d'Abbeville dans la Somme (car il était retenu aux armées), et par monseigneur de Gondi à Notre-Dame de Paris le 15 août.

Cent ans plus tard, le 15 août 1738, le roi Louis XV renouvellera le vœu de son aïeul.

Faisons un bond de trois cents ans. Le 31 mai 1937, le pape Pie XI adresse à monseigneur Harscouët, évêque de Chartres et président du comité national français des congrès marials, un bref par lequel il concédait à tout le pays une indulgence plénière en forme de jubilé du 15 août 1937 au 15 août 1938. À cette occasion le prince Xavier de Bourbon-Parme, descendant direct de Louis XIII, vint solennellement déposer un texte au pied de l'autel de la Sainte Vierge.

« Le jour du quinzième au temps de grâce 1938 en la solennité sainte de la glorieuse assomption Notre-Dame, nous François Xavier De Bourbon, consterné au pied de cet autel où la Bienheureuse Vierge Marie est invoquée sous le titre de Reine des

Victoires dont le cœur maternel est très pur et le refuge assuré des pécheurs en cette basilique fondée par notre aïeul le roi très chrétien… La France et nous sommes vôtres ou Notre-Dame-des-Victoires sauvez-nous et sauvez notre patrie donnez-nous donnez-lui la victoire spirituelle et temporaire pour la plus grande gloire de Dieu et pour prouver votre puissance royale à ceux qui en doutent ou qui la nient… »

Il y a la plaque commémorative à l'entrée de la Basilique, écrite en latin.

Histoire de la construction de Notre-Dame-des-Victoires et son architecture

La construction de l'église de Notre-Dame-des-Victoires dura plus d'un siècle de 1629 à 1740. La première pierre fut posée par le roi Louis XIII le 9 décembre 1629.

Après avoir été commencés avec ardeur d'après les plans fournis par l'architecte du roi Le Muet, les travaux se ralentirent et furent même suspendus pendant plusieurs années après la mort du roi en 1643.

Une chapelle provisoire accessible aux fidèles avait été élevée par les soins de Louis XIII et elle suffisait aux exigences de la première installation.

C'était une vaste salle dépendant du couvent et destinée à devenir la sacristie de l'église lorsque celle-ci serait achevée. Cette sacristie est devenue la chapelle Louis et Zélie Martin inaugurée en 2012.

L'actuelle sacristie fut installée en 1857. Cette chapelle provisoire servira pendant plus de 30 ans, le temps nécessaire à l'édification de la première partie de Notre-Dame-des-Victoires.

Le frère Fiacre y eut ses révélations, la reine Anne d'Autriche y vint remercier la Sainte Vierge de sa fécondité et établit la confrérie de Notre-Dame-des-Sept-Douleurs en 1657.

L'église devait avoir une longueur de 44 mètres et une largeur de 10 mètres. L'édifice orienté du nord au sud comprenait six chapelles de part et d'autre de la nef. À la croisée se dessinait un dôme, d'un côté du chœur se trouvait la sacristie et de l'autre un clocher. L'église n'a été élevée que par parties, elle a eu aussi différents architectes qui ont changé ou ajouté au dessin qu'ils avaient trouvé, mais on peut dire que le principal dessin de Pierre Le Muet pour le corps de l'église a toujours été conservé.

En 1656, sous l'influence de la reine, les travaux de l'église furent repris. Pierre Le Muet et Libéral Bruant ont eu tour à tour la direction et perfectionnèrent le plan primitif, des proportions plus considérables furent données à la nef.

Pierre Le Muet se distingua dans l'architecture militaire et civile. Il dressa les plans de la fortification de plusieurs villes de Picardie, acheva la chapelle du Val-de-Grâce et construisit plusieurs châteaux importants dont celui de Luynes en Touraine.

Libéral Bruant se rendit célèbre par la construction de l'hôpital de la Salpêtrière qu'il exécuta en partie, et surtout par la construction de l'hôtel des Invalides dont il avait fourni les plans.

Des transformations sont entreprises en 1663, c'est Gabriel Leduc qui conduit les travaux, il va poursuivre le plan primitif tout en le perfectionnant, il ajoute quatre tribunes, il élève le transept et les deux chapelles qui l'entourent.

Sur la fin de 1666, bien que l'édifice ne fût pas encore achevé, on se vit contraint de commencer à y célébrer les messes et offices, la chapelle provisoire devenant de plus en plus insuffisante.

Le 20 décembre, l'église fut bénite par l'évêque de Périgueux. Le lendemain l'archevêque de Paris y célébra la première messe. Pendant plus d'un demi-siècle l'église demeura telle que Leduc l'avait avancée en 1666. Celui-ci donna à l'intérieur le modèle de l'autel principal et du tabernacle.

On prépara le chœur dont la voûte en bois fut recouverte de plâtre. Les stalles du chœur sculptées par le menuisier Bardou en 1689, faisaient à l'origine tout le tour du chœur.

Au centre de l'abside était la stalle du père Abbé. Il ne reste hélas de ce siège que le dais sur lequel est sculptée une colombe symbole du Saint-Esprit. Il est masqué par un autel en marbre consacré par monseigneur Darboy le 8 décembre 1864.

Les boiseries de 3,30 mètres de hauteur se composent de panneaux et de moulures placées au milieu d'arcades et surmontées dans les cintres de cercles saillants ornés de chaque côté de branches sculptées. Ces cercles sont remplis tour à tour. L'un d'un cœur enflammé percé de deux flèches accolées de deux palmes. Les deux flèches signifiant l'amour de Dieu et l'amour du prochain et rappelant la spiritualité de Saint-Augustin. L'autre d'une mitre et d'une crosse liées par un cordon.

À la fin des travaux, l'église consistait en un chœur, un transept et une courte nef d'une seule travée terminée par une rotonde en bois.

L'année 1684 est porteuse d'espoir pour les Petits Pères. Ils voient s'échafauder différents projets pour une place des Victoires en l'honneur de Louis XIV.

Le duc de la Feuillade venait d'acheter un terrain proche du couvent et eut le dessein d'y bâtir une place où trônerait la statue du roi. Parmi les projets, il en était un qui disposait la place en face de Notre-Dame-des-Victoires avec la figure du roi regardant l'édifice. La réalisation d'un tel projet aurait entraîné l'achèvement de l'église mais le duc de la Feuillade abandonna et la statue du roi sera finalement érigée là où elle se trouve encore, place des Victoires.

Malgré les efforts des religieux, l'église construite moitié maçonnée moitié charpentée restera ainsi jusqu'en 1735.

En 1704, est installée une balustrade grillagée. Le chœur est carrelé de pierres blanches et de carreaux de marbre noir en 1723. Le clocher qui s'élevait au-dessus du grand escalier du dortoir est reconstruit sur le chœur en 1692.

La décoration des chapelles et des balcons se fait plus rapidement car elle est à la charge des particuliers qui en ont fait l'acquisition.

La chapelle du Saint-Esprit (côté rue Notre-Dame-des-Victoires), qui n'existe plus aujourd'hui, est cédée en 1675 à François Berthelot, fermier général et en 1702 au marquis de l'Hôpital.

La chapelle Saint Jean-Baptiste aujourd'hui chapelle de Notre-Dame-des-douleurs, est concédée à la famille Lulli qui y placera le tombeau du musicien.

En face, la chapelle Saint-Nicolas de Tolentino, aujourd'hui chapelle Sainte-Anne et le balcon, reviennent au président de Metz. Aux différents balcons, des personnes de qualité engagent des frais pour percer des portes et des fenêtres.

Les Petits Pères envoyèrent de nombreux placets au roi pour l'engager à terminer l'église : « Notre église est dans le même état où on la mit en 1666, et c'est celui où on la voit encore aujourd'hui ». Ce placet est écrit par le père Isidore de la Madeleine en 1713.

Seul un état critique et dangereux du bâtiment pouvait encore motiver de nouveaux travaux. En 1735, les combles, la charpente et le plancher périclitaient dangereusement.

Après la visite des experts architectes et charpentiers, on fut obligés d'étayer le plancher de l'église. Le chapitre conventuel réuni, conclut qu'il fallait s'occuper du bâtiment, le terminer dans sa longueur, son élévation et en ajouter au principal portail deux autres de part et d'autre.

Le père Michel Ange fut choisi par la communauté pour obtenir des fonds, faire des emprunts et des hypothèques. Les religieux demandèrent des secours au cardinal de Fleury, premier ministre du roi Louis XV. Les fidèles furent sollicités, une quête fut entreprise dans toute la ville. On fit imprimer une lettre circulaire où était représentée la nécessité pressante de travailler à l'église. On fit également imprimer des billets que l'on distribua à la porte du couvent.

Au début des travaux, l'archevêque de Paris assurait « La gloire de Dieu en est l'objet, l'utilité et la sûreté publique en sont les motifs. »

Sylvain Cartaud fut désigné pour la conduite des travaux. Son plan du portail et son devis des dépenses qui se chiffraient à 191 000 livres, furent adoptés.

L'ouverture des travaux fut marquée par une célébration le 23 août 1737. Le père Hyacinthe Le Blanc, évêque de Joppé en Palestine et ancien religieux du couvent, bénit une pierre et la plaça conjointement avec le père Guillaume de Sainte-Anne provincial, et le père Michel Ange prieur du couvent, sous le pilier droit du portail :« Au son des tambours et des cloches, à la vue d'un grand peuple ». Sur cette pierre, fut gravé une citation en latin rappelant de l'Église de Louis XIII en 1629, les générosités du roi Louis XIV, et le nom des trois religieux qui ont bénit et posé la pierre.

Afin que le chantier et le service de l'église puissent cohabiter, on établit devant le chœur, une paroi de charpente. La partie travaillée comportait le transept et la nef jusqu'au portail avec les chapelles déjà construites. Le grand autel s'adossait de l'autre côté de la cloison que l'on avait recouverte de riches draperies.

Les travaux se déroulèrent assez vite. Le 11 avril 1739 eut lieu l'inauguration, suivie de la première bénédiction de la nef par le père Paul Vicaire, général. La même année, le maître menuisier Louis Régnier construisit le buffet d'orgue et la chaire. Cet ensemble comporte le grand corps de l'instrument, le positif le dos, toute la tribune galbée et la porte d'entrée. C'est un ensemble rare, peut-être unique par la cohésion de toutes ces parties, l'envergure de la conception, la qualité de ses sculptures et qui compte « parmi les plus beaux qui puissent se voir en France » selon Aristide Cavaillé-Coll.

On pense que c'est à cette époque que François-Henri Lesclop construisit sur la tribune le premier orgue de 16 pieds avec 33 jeux et trois claviers manuels, déjà réputé « excellent et harmonieux ».

Après différentes modifications au cours du temps, le maître organier Alfred Kern reconstruisit entièrement l'instrument en 1973, le rétablit dans son état d'origine et choisit une esthétique classique française. Le nombre de jeux passe de 33 à 49 avec quatre claviers. La mécanique suspendue donne un toucher fiable, le récit reste expressif, l'accouplement du positif sur le récit s'avère d'une indiscutable utilité. On peut dire aussi que c'est un orgue alsacien.

En 1995, la maison Muhleisen de Strasbourg révisa l'orgue dans toutes ses parties. Les portes d'entrées incluses dans le bas du buffet d'orgue ont été renouvelées en 2006 grâce à la générosité d'une donatrice.

L'église achevée en 1740, fut consacrée solennellement le 13 novembre par monseigneur Hyacinthe Leblanc, évêque de Joppé en Palestine.

Description architecturale

Orientée nord-sud, l'église mesure 62 mètres de long sur 24,5 mètres de large. Elle a été conçue selon une des dispositions les plus courantes au 17e siècle.

Elle se compose d'une grande nef flanquée de quatre chapelles communicantes de chaque côté. Le transept non saillant se trouve à l'articulation de deux espaces aux dimensions équivalentes, celui de la nef et celui du chœur. Le chœur de même largeur que la nef se termine par trois faces formant le chevet. Cette disposition où le chœur est important, met en avant le caractère conventuel de l'église.

Ce type de plan est banal dans l'architecture religieuse de tout l'occident catholique au 17e siècle. Il a été rendu célèbre par les Jésuites qui l'utilisèrent systématiquement dans l'édification de leurs églises. L'église modèle est celle du Gesù à Rome par Vignole en 1568 dont le plan fut repris le siècle suivant dans toute l'Europe.

À l'intérieur d'un espace rectangulaire, se placent : la nef, les chapelles latérales, le chœur et le dôme. Si l'église du Gesù reste le point de référence pour l'architecture du 17e siècle, elle n'en est pas le point de départ. Le plan que les Jésuites demandèrent à Vignole avait déjà été utilisé à Rome et dans le Languedoc : Sainte-Marie de Montserrat, élevée par Da San Gallo en 1496, San Andrea à Mantoue par Alberti en 1457.

Ce plan peu usité en Italie jusqu'au 16e siècle, était cependant connu des architectes qui se formaient à partir de différents traités d'architecture.

Dans son recueil d'églises modèles paru en 1547, Serio note déjà ce plan à nef unique et chapelles latérales. Son traité permit à toute l'Europe de prendre connaissance de ce plan.

En France, le succès de ce type d'église relève de l'influence italienne et d'une tradition architecturale qui remonte au 12e siècle dans le Midi de la France.

Aux 13e et 14e siècles dans les provinces du Sud (Auvergne, Quercy, Gascogne, Languedoc Provence, Roussillon), se bâtit un même style d'église à nef unique flanquée de chapelles. Plusieurs ordres adoptèrent cette disposition notamment les Cisterciens, les Dominicains, les Franciscains, les Carmes et les Augustins.

Les premières églises de la compagnie de Gesù en Espagne, furent conçus sur ce type traditionnel catalan et languedocien. Leur filiation en Italie est l'église du Gesù.

Cette forme de type méridional s'implante à Paris avec l'église des Feuillants construite entre 1600 et 1610, suivi par l'édification de l'église des Minimes place Royale en 1611, aujourd'hui place Des

Vosges, puis par celle de l'église des Carmes déchaussés en 1613 et enfin en 1622 par celle de l'Oratoire.

En 1627, l'architecte jésuite Etienne Martellange, après avoir construit en province des églises du même type, bâtit l'église Saint-Paul Saint-Louis.

Le plan que dresse Le Muet pour les Augustins déchaussés a plusieurs raisons d'être. D'une part il n'ignore pas les traités d'architecture italiens, d'autre part les Augustins déchaussés eurent l'occasion de rencontrer et d'utiliser ce plan. Cette vision architecturale correspondait à celle que l'Église mettait en place.

Si le 17e siècle s'intéressait de nouveau à ce type de plan, c'est qu'il correspondait aux exigences conclues par l'Église lors du Concile de Trente en 1563. Monseigneur de Montello nuance l'influence du Concile et considère que l'architecture a pu se transformer grâce notamment à la réforme des ordres et à la place qu'ils eurent dans l'expansion urbaine.

Conclusion du Concile ou réforme des ordres, l'espace de l'Église apparut comme un lieu devant rassembler religieux et laïcs et redonner à tous les fondements de la foi catholique.

La prédication ayant une place prépondérante, il fallait disposer l'espace sacré de manière à ce que la parole puisse être proclamée clairement. Le plan rectangulaire avec la chaire placée dans la nef dégageait un espace homogène, plus simple pour la prédication.

Saint-Charles Borromée fut le principal interprète du Concile en matière d'architecture. Dans les instructions qu'il publia en 1577, il conseillait le plan en croix latine. Selon lui, l'essentiel était que la communauté puisse être réunie dans un seul vaisseau afin de toujours entendre et voir au mieux.

Lors de ce même Concile, l'Église réaffirma l'importance du Sacrement Eucharistique.

Ceci eu deux conséquences sur l'architecture religieuse : mettre en valeur ce sacrement, tout en multipliant les possibilités de le célébrer.

L'autel va être mis en valeur. Cette polarisation se rend visible dans le corps du bâtiment, dans le cadre d'un plan rectangulaire, le chœur et la nef formant un seul bloc.

L'unité de l'espace est conditionnée par le transept qui matérialise la croix. Le chœur qui n'a pas de déambulatoire, permet à l'église de s'inscrire au plus près de la forme du rectangle. La totalité de l'espace est immédiatement perceptible à l'œil du fidèle. Il fallait concilier l'importance donnée à l'autel principal et la nécessité de les multiplier.

Le plan situait les autels dans un lieu clos, comme les chapelles latérales avec deux autels secondaires dans les bras du transept. La nef se trouve être un lieu public de circulation et de prière commune, tandis que les chapelles ont un caractère plus privé. La plupart de ces chapelles étaient la propriété d'une famille ou le lieu d'une dévotion particulière.

Le plan avec nef et chapelles latérales se trouve plus accentué lorsque les chapelles, au lieu de communiquer entre elles, sont isolées par un mur plein, tels l'église des Feuillants ou de l'Oratoire.

À Notre-Dame-des-Victoires, les chapelles communiquent entre elles par une porte latérale et sont distinctes de la nef grâce à deux marches et une grille qui les ferme.

La simplicité et l'austérité de Notre-Dame-des-Victoires peuvent s'expliquer de plusieurs façons. Les Augustins déchaussés eurent toujours des difficultés à financer les travaux. Dans la dernière phase d'édification ils choisirent la solution la plus économique. D'autre part, une bonne partie des murs avait déjà été élevée par Le Duc en 1663. Cartaud poursuivit l'ordonnancement mis en place par son prédécesseur de 1737 à 1740.

La façade de Notre-Dame-des-Victoires qui en est le point d'orgue, résume les caractères architecturaux du bâtiment. Elle annonce les proportions modestes mais harmonieuses de l'église. La sobriété classique s'accorde avec l'intérieur. Il émane un sentiment mélangé de majesté et d'humilité qui répond à la foi du 18e siècle qui désirait glorifier Dieu et vivre dans la sainteté et la simplicité.

La façade révèle la destination de l'édifice et met en communication l'extérieur avec l'intérieur. Elle est formée de deux ordres superposés : au rez-de-chaussée, un ordre ionique et à l'étage supérieur, un ordre corinthien.

Le rez-de-chaussée est formé de cinq parties limitées par des pilastres d'ordre ionique dont les bases reposent sur un socle peu élevé. Au centre, trois parties en saillie correspondent à la nef avec une porte rectangulaire à chambranle moulurée, placée dans une arcade. Au-dessus de cette porte, se trouve un cintre avec un cartouche qui autrefois, contenait une pierre bleue où l'on pouvait lire « D.O.M. Virgo Deiparae Sacrum Subtitulo De Victoria ».

Au-dessus du cartouche, se trouve une gloire sculptée par Rebillé, celle-ci est composée de rayons de têtes de chérubins dans un nuage avec au centre le triangle divin.

De chaque côté de la porte centrale, il y a deux portes latérales qui correspondent aux chapelles.

Au-delà de la corniche ionique, s'élève un étage de style corinthien, il est décoré de pilastres avec entablement et fronton triangulaire surmontée d'une croix.

Au centre, s'ouvre une baie placée dans un léger renfoncement rectangulaire, cette baie est encadrée de pilastres.

Elle est en plein cintre avec une archivolte ornée d'une clé flanquée de palmes et de branches de lauriers.

De part et d'autre de la baie, se trouve une table oblongue entre les pilastres corinthiens, semblable à celle du rez-de-chaussée. Cette partie centrale de la façade est raccordée aux bas-côtés par deux contreforts en forme de consoles. Ceux-ci aboutissent à deux obélisques rectangulaires de cinq mètres de haut, élevés sur les pilastres d'angle et surmontés de sphères.

À l'origine, ces obélisques étaient couronnés d'une fleur de lys en plomb de couleur blanche.

La façade se termine par un fronton dont le tympan contient un écusson aux armes de France, surmonté d'une couronne royale et entouré du grand cordon de l'ordre du Saint-Esprit.

Autour de l'écusson, des trophées d'armes, des drapeaux et des palmes, symboles des victoires royales remportées sous la protection de la Vierge.

Au sommet du fronton sur un piédouche, culmine une croix en pierre dure de deux mètres de haut.

La nef formée de quatre travées est supportée par huit piliers ornés de pilastres ioniques au-dessus desquels règne un entablement et une corniche qui parcourent toute l'église.

La voûte est sphérique percée de fenêtres en lunettes, séparées les unes des autres par des archivoltes tombant à l'aplomb des piliers. Chaque travée est éclairée par une fenêtre cintrée, pratiquée entre chaque arceau, surchargée à l'intérieur de caissons de tables chantournées qui étaient à la mode sous le règne de Louis XV.

Les chapelles ont 5 m² de superficie et 8,30 mètres d'élévation. Au-dessus du cintre de leurs portes, il y a un cartouche accompagné de festons décorés du monogramme de la Sainte Vierge en 1867.

La croisée ou travée centrale de jonction du chœur de la nef et du transept est terminée par une coupole hémisphérique, construite à la place du dôme projeté initialement.

Elle remplit tout l'espace compris entre les deux bras du transept. Elle est bordée d'un grand cordon, ornée de moulures et de quatre belles agrafes.

Dans les entre-deux, il y a quatre rosettes.

Dans le centre, on voit une gloire entourée de rayons et ornée de têtes d'anges, œuvre de Rebillé.

Dans les encoignures des quatre gros piliers sont sculptés quatre panaches. Dans chacun des transepts et dans l'épaisseur des quatre piliers destinés à supporter la coupole, sont placés de face deux balcons ou tribunes ornés d'une balustrade à jour.

Au-dessus, sont sculptés des culs-de-lampe. Sur le toit du chœur, se trouve le clocher construit en 1740.

Primitivement il y avait une coupole qui fut remplacée par une plateforme entourée d'une balustrade de fer.

Avant 1740, le clocher changea maintes fois de place et de forme. Il fut longtemps accessible par l'escalier du dortoir du couvent, puis on le transporta sur le chœur en 1692.

Sur le plan de Turgot en 1739 et selon les desseins du père Augustin Lutin, le clocher ne se terminait pas par un dôme mais par une pointe. Quatre cloches habitent le clocher.

On a commencé à se servir des cloches dans l'église que vers le 5e siècle. Cette coutume est attribuée à saint Paulin, évêque de Nole dans la campagne romaine en Italie. De là, le nom latin qu'ont pris les cloches : « Campana » de la campagne et « Nolae » de la ville.

L'usage des Augustins déchaussés était de n'avoir qu'une cloche, mais rien n'empêchait qu'ils en eussent davantage.

Lorsque le plain-chant fut introduit pour le service divin dans leur église, les religieux ne refusèrent pas l'offre généreuse qui leur était faite par un particulier.

En 1701, on fit fondre trois cloches pour les joindre à celle qui existait déjà dans le clocher, celle-ci fut refondue afin de la mettre en harmonie. Deux cloches moyennes furent bénites le 23 février 1702, elles se nommaient « Gédéon Anne-Françoise » et « Perrette Jeanne ».

Une petite cloche se nommant « Louise Armande » fut bénite le 26 avril 1702. Puis le 29 avril 1702, eut lieu la cérémonie de la bénédiction de la grosse cloche qui fut nommée « Louise Armande Marguerite Henriette ».

Des religieuses se plaignaient de l'usage de plusieurs cloches contraire aux usages de la communauté. Un arrêté du Conseil du roi le 8 décembre 1706 ordonna de retrancher trois cloches. La plus petite fut vendue en 1707.

L'interdiction de faire sonner quatre cloches subsista jusqu'en 1731. Ces cloches disparurent durant la révolution.

Le 25 mars 1819, furent installées et bénites deux cloches : « Marie-Victoire » (La bémol) et « Anne-Victoire » (Si bémol). Puis une troisième cloche en 1827 et une quatrième en 1828.

En octobre 1923, on installa une cloche baptisée Sainte-Thérèse de l'Enfant Jésus alors que celle-ci n'était que Bienheureuse.

En 1936, une cloche baptisée Saint-Augustin fut installée pour les fêtes du centenaire de l'archiconfrérie.

Le système de sonnerie fut électrifié et le carillon perfectionné en 1995. L'accord de ces deux dernières cloches avec les anciennes sonnant faux, on installa deux nouvelles cloches en 1997. « Sainte-Thérèse de l'Enfant Jésus » (Ré bémol), pesant 140 kilos a pour devise : « amour et confiance ».

Le parrain est Jean-Christophe Chamboredon et la marraine Gwendoline Pellet.

La deuxième cloche se nommant « Saint-Augustin » (Do) pèse 195 kilos et a pour devise : « le pain de la parole, le jour et la nuit, il faut le manger ».

Le parrain est Jean Dintilhac et la marraine Benoîte Taffin, alors maire du 2e arrondissement.

Marie la Victorieuse

Je vais vous parler de la Sainte Vierge sous un certain aspect.

Marie on le sait, c'est la mère de Jésus, la médiatrice, l'ambassadrice auprès de son fils. Elle est mère de miséricorde. C'est aussi la mère de l'humanité, mais elle a un autre titre : la Victorieuse ou la faiseuse de victoires.

Depuis les premiers temps de l'Église, des témoignages de tendresse, d'amour et de reconnaissance ont afflué de toute la chrétienté.

Des églises sont consacrées sous le vocable de « Notre-Dame de la Victoire ». Pourquoi ? Parce que Marie a toujours manifesté sa toute-puissance par de nombreux prodiges et signalés au milieu des combats et des batailles. Les peuples reconnaissants aiment à la saluer du nom glorieux de Notre-Dame de la Victoire.

Cette dévotion a commencé en Grèce. Les Grecs sont les premiers à avoir rendu publiquement les honneurs à Marie en souvenir de sa maternelle protection contre leurs ennemis. Byzance qui était donc la capitale de l'Orient, bâtie par l'empereur Constantin, fut appelée la ville de la Vierge : « Civitas Virginia ».

Cependant ils ne commencèrent à honorer Marie sous le titre des victoires que vers l'an 626 après la défaite des Sarrasins et autres barbares.

Ils établirent une fête sous le nom de Notre-Dame de la Victoire fixée au 25 février. Les empereurs ordonnèrent que son image soit portée dans les rangs de l'armée.

Cette image fut appelée « affectrise victoriae » : la faiseuse de victoires, ou bien encore « la nicopée » (les prénoms de Nicolas, et Nicole veulent dire victoire).

Il y avait des processions tous les mardis à Constantinople.

La tradition rapporte que ce fameux portrait peint par Saint-Luc avait été envoyé d'Antioche à Pulchérie, fille de l'empereur Théodose. La princesse la déposa dans l'église Notre-Dame-des-Guides située aux portes de Constantinople.

En 623, Constantinople était menacée par les barbares, le patriarche Sergius ordonna une procession portant lui-même l'image de la mère de Dieu.

Au matin du 11e jour, une belle dame sortie de l'église, traversa le camp, franchit les tranchées. Les ennemis voulurent s'emparer d'elle mais elle disparut aussitôt. Ce fut le commencement de la débâcle, les ennemis levèrent le siège, reprirent la mer et périrent dans la tempête. La Vierge ne cessa de manifester sa protection.

En 976, l'empereur Jean Tzimiskès était menacé. Aussitôt il implora la protection de Notre-Dame de la Victoire, il fit placer l'étendard de Marie à la tête de ses troupes et remporta victoire sur victoire.

En 1120, Jean Comnène, vainqueur des Turcs, se plaisait à proclamer hautement qu'il devait à Marie ces triomphes inespérés. De retour à Constantinople il fit construire un char magnifique. L'empereur en tête du cortège portant une croix, se rendit à l'église Sainte-Sophie pour rendre grâce à Dieu et à Marie par une solennelle Action de grâce.

En 1204, l'empire est menacé par un usurpateur. Les croisés décident de le renverser et assiègent Constantinople en s'emparant de la fameuse image. En reconnaissance, ils établirent la fête de Notre-Dame de la victoire le 25 mars.

Après plusieurs conflits avec les Latins, Constantinople et son empire furent rendus aux Grecs.

L'empereur Michel Paléologue descendit de son cheval et se dépouillant des ornements impériaux, suivit à pied l'image sacrée de la Sainte Vierge, la nicopée.

En 1453, les Turcs s'emparèrent de Constantinople, les Grecs prirent la fuite et la ville fut pillée. La célèbre image de Marie ne fut hélas pas épargnée.

La dévotion de Notre-Dame de la Victoire passa des Grecs aux autres peuples catholiques. Les Espagnols furent leurs premiers à l'accueillir avec bonheur, mais l'Espagne tomba sous la domination des Maures dès les années 700. Les rois d'Espagne eurent à soutenir de rudes combats, mais ils conservèrent une confiance inébranlable en la protection de la Sainte Vierge.

En 1212, le roi Alphonse IX, roi de Castille, remporta avec le secours de Marie une victoire éclatante sur les Maures.

Le pape Innocent III proclama la croisade des chevaliers venus de France, d'Italie et d'Allemagne qui se joignirent aux Espagnols, c'est la victoire de Tolosa.

Les évêques de Narbonne et de Tolède encouragent les troupes. « La mère de Dieu marche à votre tête, elle vous protégera et vous donnera la victoire sur les ennemis de son fils ».

Depuis cette victoire, on célèbre dans toute l'Espagne la fête de la protection de la Sainte Vierge le deuxième dimanche de novembre.

Plusieurs églises furent dédiées à Notre-Dame-des-Victoires en Espagne et dans les colonies espagnoles. Le roi Ferdinand V en fit bâtir une à Malaga, ainsi qu'un couvent. Il donna aux religieux le nom des Pères de la Victoire, la fête de Notre-Dame de la Victoire y était célébrée le 7 septembre.

Ces religieux consacrèrent sous le même vocable à la Sainte Vierge, la plus grande partie des églises qu'ils possédaient en Espagne. Cette dévotion était tellement naturelle aux Espagnols qui la firent connaître et s'efforcèrent de l'établir jusque dans leurs colonies portugaises. La dévotion fut importée jusqu'en Amérique. Ce furent encore les Espagnols et leurs voisins Portugais qui répandirent le culte de Notre-Dame de la Victoire. Fernand Cortez, général des Espagnols, gagna la bataille de Tabasco et fit construire une église à laquelle il donna le nom de Notre-Dame-de-la-Victoire.

Une autre victoire encore s'est passée en 1506 en Asie dans les colonies portugaises, Laurent Almeida, gouverneur des Indes Orientales, est attaqué. Il a une troupe bien inférieure en nombre à celle de son ennemi. Il fait publiquement le vœu de bâtir une église à la Sainte Vierge s'il sort victorieux. Son vœu est exaucé, le gouverneur proclame Marie « Reine de la Victoire » et il fait construire à Carmanor, le port des Indes orientales, une église appelée Notre-Dame-de-la-Victoire.

L'Italie ne devait pas être en reste pour avoir le culte de la Madone sous le nom de Notre-Dame-de-la-Victoire.

Charles d'Anjou, frère du roi de France Louis IX, couronné roi de Naples et de Sicile, dû mener un rude combat contre son rival Conradin en 1268. Victorieux, le roi fit construire une église et une abbaye bénédictine sous le nom de Sainte-Marie-de-la-Victoire.

Un peu plus tard, fut bâtie l'église cathédrale de Nocera dédiée à Notre-Dame de la Victoire en reconnaissance de l'expulsion des Sarrazins qui assiégeaient cette ville.

En 1515, le roi François Ier, remporte la bataille de Marignan.

En reconnaissance il fait construire à Milan une église en l'honneur de la mère de Dieu, Reine des Victoires.

Il reconnaissait publiquement qu'il devait cette victoire à celle qu'il avait imploré pendant la bataille.

En ce qui concerne l'Italie, il est un fait d'armes dans l'histoire de la chrétienté, c'est la fameuse bataille de Lépante le 7 octobre 1571.

Il y avait près d'un siècle que les musulmans avaient envahi une partie de l'Europe. Alarmé du danger que courait l'église mais confiant en la protection de la Sainte Vierge, le pape Pie V fit appel au roi chrétien et annonça une croisade contre les ennemis de la foi catholique.

Seuls le roi d'Espagne et les princes d'Italie répondirent à l'appel du pape et conclurent avec les Vénitiens une ligue sainte pour le salut de l'Europe chrétienne. Le pape fut déclaré chef de la ligue et confia la direction des troupes à Don Juan d'Autriche.

Le 7 octobre 1571, les deux armées en vinrent aux mains dans le golfe de Lépante qui se situe en Grèce.

Dès le lever du jour, Don Juan d'Autriche parcourut toute la ligne de ses vaisseaux, dans un esquif tenant à la main un crucifix. En même temps les prêtres, le crucifix à la main donnaient l'absolution générale avec l'indulgence plénière accordée par le pape.

Le signal est donc donné, tous invoquent la Sainte Trinité et saluent la Sainte Vierge.

Le silence est interrompu par un coup de canon envoyé par les Turcs. La bataille s'engagea à 16h, les chrétiens avaient le soleil, le vent et la fumée devant les yeux, ce qui donnait l'avantage aux Turcs.

Les chrétiens avec confiance, se tournèrent vers Marie, le vent changea et envoya aux ennemis la fumée de l'artillerie. On se battit avec acharnement pendant plus d'une heure, un boulet blessa l'amiral Turc qui fut achevé et ce fut le signal de la déroute.

À l'instant, le pape Pie V eut à Rome la révélation de la victoire. Il était en plein conseil avec les cardinaux lorsque tout à coup il s'écria : « Il ne s'agit plus de parler d'affaires, nous avons maintenant à rendre grâce à Dieu de la victoire définitive qu'il vient d'accorder à l'armée chrétienne ».

C'est à cette occasion que le pape reconnaissant, détermina la fête particulière du Rosaire sous le signe de Notre-Dame-des-Victoires et qu'il fit insérer dans les litanies cette invocation : « santa maria auxilium christianorum ».

De l'Italie, la dévotion à Notre-Dame de la Victoire passa en Belgique et en Allemagne, on peut également citer les Hongrois, les Polonais qui appelaient Marie la reine de la Pologne.

En 1410 Ladislas II Jagellon, roi de Pologne, remporta une bataille grâce au secours de la Sainte Vierge.

À Bruxelles on célébrait la fête de Notre-Dame de la Victoire également la commémoration de la Bienheureuse Vierge Marie instituée grâce à la victoire de Jean 1er, duc de Lorraine à Woeroug en 1288. Le secours de Marie fut si visible en cette journée de bataille, que le duc institua une fête célébrée à Bruxelles le 5 juin.

En 1620, une bataille eut lieu à Prague entre l'empereur d'Autriche et des rebelles de la Bohême. L'ennemi Bohêmien fut attaqué par les troupes impériales aux cris de Sainte-Marie, c'était un 8 novembre.

Une image de la Vierge fut proclamée Notre-Dame de la Victoire, de nombreux présents et étendards furent déposés à ses pieds. Cette image fut portée à Rome en 1622 et fut placée à la basilique Sainte-Marie-Majeure puis à l'église Saint-Paul appelée depuis Notre-Dame-de-la-Victoire.

L'empereur Ferdinand II, en souvenir de la victoire de Prague, donna aux Carmes un temple arraché aux protestants. Les religieux en firent une église qu'ils dédièrent à Notre-Dame de la Victoire.

Près de Prague, l'empereur voulut également faire bâtir une nouvelle église en faveur des Carmes sous la vocation de Notre-Dame de la Victoire, il plaça la première pierre le 23 avril 1628. Vers 1703, un maçon commença à bâtir une petite chapelle sur l'emplacement du champ de bataille. Aidé par des aumônes, il parvint à agrandir cette chapelle pour en faire une belle église. En mémoire de l'éclatante victoire de Prague, le pape Innocent XI institua par un décret du 3 février 1684, la fête de Notre-Dame-de-la-Victoire sous le titre du saint nom de Marie.

Cette fête était célébrée dans toute l'église romaine, le dimanche dans l'octave de la Nativité.

Le même pape avait aussi en vue en établissant cette fête, la reconnaissance de la protection que la Sainte Vierge avait accordée aux armées catholiques sous les murs de Belgrade contre les musulmans en 1683. C'est dans cette bataille du succès de laquelle dépendait la civilisation européenne que Jean Sobieski, fervent serviteur de Marie fit des prodiges et obtint la victoire de l'armée catholique.

Et en France, que s'est-il passé ?

L'empereur Charles Quint disait : « Nulle nation n'a plus fait pour sa ruine que la France, mais la providence prend la France en une si grande protection que ses fautes mêmes tournent toujours à son avantage ».

La France a bien sûr toujours été dévouée au culte de la Sainte Vierge, la France est le royaume de Marie. Nos ancêtres aimaient proclamer ses bienfaits et raconter les prodiges que Marie ne cessa d'accorder à ses enfants.

La plus ancienne des églises, bâtie en France en l'honneur de Notre-Dame des Victoires fut celle qui porte le nom de Notre-Dame-de-Bon-Secours près de Senlis dans l'Oise dont le roi Philippe Auguste fut le fondateur. Il y avait adjoint une abbaye qui s'appelait Notre-Dame-de-la-Victoire tenue par les Chanoines de Saint-Victor de Paris.

Il voulait attester du secours qu'il avait obtenu de la Sainte Vierge à la bataille de Bouvines le 17 juillet 1214.

La chronique de l'époque rapporte ce fait : « Quand on fut arrivés à Bouvines, le roi Philippe entra dans l'église du lieu où il fit sa prière avec larmes invoquant le secours de la Sainte Vierge, à qui il fit vœu de bâtir une église en son honneur ».

L'église fut bâtie en 1222, le roi donna deux lampes en argent qui devait brûler continuellement devant l'image de la Sainte Vierge. On en célébrait la fête le 4 juin.

Les successeurs de Philippe Auguste, Louis VIII et Louis XI, firent de nombreux pèlerinages à l'abbaye Notre-Dame-de-la-Victoire.

À Chartres on faisait dans la cathédrale, la fête de Notre-Dame de la Victoire fondée par Philippe Le Bel après la victoire de Mons-en-Pévèle près de Douai le 17 août 1304.

À Paris, en l'église cathédrale et dans tout le diocèse, on commémorait Notre-Dame de la Victoire en mémoire du triomphe de Philippe Le Bel sur les Flamands. On fit également une commémoration de la victoire de Philippe VI Le Valois sur les Flamands à Cassel le 23 août 1328.

C'est surtout à Paris que la dévotion à Notre-Dame des Victoires s'est conservée dans toute sa ferveur. Les Chanoinesses de Picpus avaient dédié leur église à Notre-Dame de la Victoire. On voyait sur leur grand autel avant la révolution, un tableau où Marie était représentée, portée sur les nues et environnée d'anges. Elle tenait l'Enfant Jésus entre ses bras. Vers le bas du tableau, on voyait une mer couverte de vaisseaux et sur la rive des trophées d'armes, des lances, des tambours, des turbans et des drapeaux. Le peintre avait voulu rappeler la victoire des Turcs par le secours de Marie en 1571 à Lépante.

Les aveugles de l'hôpital Royal des Quinze-Vingt à Paris faisaient autrefois la fête de Notre-Dame-de-la-Victoire dans leur église le 18 août. Cette fête de confrérie avait été établie en 1660 en premier lieu pour les aveugles, puis autorisée par une bulle du pape Innocent XI le 5 août 1689. Elle fit approuvée par l'archevêque de Paris François du Harlay le 5 juin 1697.

Le but de la confrérie était de remercier la Sainte Vierge des victoires obtenues par Philippe Le Bel et Philippe VI De Valois, et la supplier de continuer sa protection sur le roi Louis XIV. Les associés devaient aussi prier pour la conversion des pécheurs et la grâce d'une bonne mort.

À Arras en 1667, les Récollets faisaient bâtir le grand autel de leur église. La reine Marie-Thérèse posa la première pierre et voulut qu'on donnât à l'autel le titre de Notre-Dame-de-la-Victoire en mémoire des victoires remportées par son époux Louis XIV et surtout pour la victoire avec la prise de la ville de Lille.

À Rouen, l'église de Notre-Dame-des-Victoires du couvent des Augustins déchaussés fut fondée par la reine Marie-Thérèse. La première pierre fut posée en son nom le 30 août 1672. Sur cette pierre on avait gravé cette inscription : « Marie-Thérèse reine de France et de Navarre en Action de grâces des victoires de son illustré Louis XIV sur ses ennemis et de la soumission de la Hollande voua et dédia au Dieu tout-puissant et à la Bienheureuse Vierge ce monastère et cette église des Augustins déchaussés sous le titre de Notre-Dame-des-Victoires ».

Malheureusement on ne construisit pas les fondations, les guerres que le roi avait à soutenir contre la Hollande ne permirent pas à la fondatrice de terminer son œuvre.

Une des plus belles manifestations publiques que la France ait donnée, c'est la consécration envers la Sainte Vierge en 1638.

Le fameux vœu de Louis XIII, surnommé le Juste, s'est passé après la construction de l'église de Notre-Dame-des-Victoires à Paris.

Pour perpétuer la mémoire de cette consécration, le roi ordonna que tous les ans il se ferait une procession solennelle dans Paris le 15 août. Cet édit fut ensuite promulgué dans toute la France. Plus tard, Louis XIV et Louis XV se firent un devoir de renouveler ce vœu pour la prospérité de leurs états et ordonnèrent que la procession qui n'était obligatoire que pour Paris, se ferait dans toutes les églises de France le jour de l'Assomption.

Pour terminer, je vais vous parler de l'origine de la construction de cette église qui s'appelle Notre-Dame-des-Victoires.

Elle est liée elle aussi à la bataille du cardinal Richelieu, qui était le ministre de Louis XIII et qui avait en tête la destruction des protestants en France.

En 1626, il les poursuivit sans relâche. Bientôt des troupes s'approchèrent de la ville de La Rochelle regardée comme le boulevard du protestantisme.

Une flotte venue d'Angleterre s'approcha de La Rochelle.

Louis XIII prit le commandement des troupes qui étaient devant la ville. Richelieu ayant appris la descente des Anglais dans l'Île de Ré, envoya dans les ports de l'océan de l'argent et des ordres pour équiper les bâtiments.

La Rochelle fut bloquée par terre. Richelieu ne pouvant s'emparer de la ville par surprise, fut obligé de s'en tenir à son projet de la prendre par la famine.

Le maire de La Rochelle, malgré la famine qui sévissait, ne voulut pas se rendre et annonça un secours prochain de l'Angleterre. La flotte anglaise parut le 28 septembre 1628 puis une vive canonnade fut échangée entre les deux flottes.

L'amiral anglais convaincu de l'impossibilité de secourir la ville, conseilla aux protestants de faire la paix avec le roi. On entama des négociations qui aboutirent à une capitulation dans laquelle on accorda aux habitants la vie, la jouissance de leurs biens et le libre exercice de leur culte. La paix fut signée le 28 octobre.

Le 30, les troupes du roi entrèrent dans la ville.

Le 12 novembre les fortifications de La Rochelle et des principales villes de la Saintonge furent détruites. Ce siège fut un des plus fameux qu'on eut vu depuis longtemps parce que La Rochelle était une des plus fortes places d'Europe par sa situation et par ses fortifications dont elle était défendue.

La prise de cette ville fut l'occasion et la raison spéciale qui a porté Louis XIII à accéder à la demande des moines Augustins de les aider à construire leur église, à la condition que cette église porte le nom de Notre-Dame-des-Victoires en Action de grâce envers la Sainte Vierge.

Le 8 décembre 1629 l'archevêque de Paris, Jean-François de Gondi planta la croix à l'endroit destiné à la construction de la nouvelle église.

Le lendemain, le 9 décembre, le roi se rendit sur cette place, il descendit dans les fondations et posa la première pierre à l'entrée du chœur. Il posa en même temps, aux quatre coins de la pierre, quatre médailles en argent.

L'une portait l'image de Notre-Dame des Victoires, l'autre de Saint-Augustin, la troisième de Louis XIII et la quatrième des armes de France.

La belle histoire de Notre-Dame-des-Victoires commençait ! Saint Bonaventure disait en parlant de la Vierge Marie : « Votre nom est tout-puissant après Dieu ».

Le Cœur Immaculé de Marie

Le Cœur Immaculé de Marie est une dévotion au cœur de la Sainte Vierge en tant que symbole de la miséricorde, de l'absolu de sa foi et de l'accueil du Christ au plus intime de sa personne. Cette dévotion apparaît dès les premiers siècles de l'Église.

La personne de Marie n'a cessé d'être l'objet de la vénération des fidèles. Les écrits des docteurs de l'Église tels que saint Augustin, saint Ambroise, saint Ildefonse et saint Anselme de Cantorbéry en témoignent.

Saint Bernard de Clairvaux développe la théologie mariale.

En 1503 le pape Jules II vénère le Cœur de la Vierge en lui disant : « Très glorieuse reine de miséricorde, je salue votre cœur virginal dont la parfaite pureté n'a jamais été altérée ni souillée d'aucun péché ».

Au 17e siècle, en 1643 saint Jean Eudes met en lumière la dévotion au Cœur de Marie. En 1646, il est parlé d'une fête en l'honneur du Cœur Immaculé de Marie. À la même époque, saint Louis-Marie Grignion de Montfort écrit un traité de la vraie dévotion à la Sainte Vierge avec en dessous du titre : « Préparation au règne de Jésus Christ ». Je le cite : « Cette pratique de dévotion à la très Sainte Vierge est un chemin parfait pour aller et s'unir à Jésus Christ, puisque la divine Marie est la plus parfaite, la plus sainte des pures créatures, et que Jésus Christ qui est parfaitement venu à nous, n'a point pris d'autres routes de son grand et admirable voyage... Le très haut est descendu parfaitement et divinement par l'humble Marie jusqu'à nous, sans rien perdre de sa divinité et sainteté ». Il cite également saint Ambroise : « Que l'âme de

Marie soit en chacun pour glorifier le Seigneur. Que l'esprit de Marie soit en chacun d'entre nous pour se réjouir en Dieu. Qu'une âme est heureuse quand elle est toute possédée et gouvernée par l'esprit de Marie qui est doux et fort, zélé et prudent, humble et courageux, pur et fécond ! ».

Après l'apparition du Sacré Cœur de Jésus par les révélations privées reçues par sainte Gertrude, sainte Mathilde et sainte Marguerite-Marie, cette dévotion fut progressivement assimilée à Marie qui ne forme qu'un seul Cœur de Jésus selon saint François de Sales.

À Notre-Dame-des-Victoires au 17e siècle, les Augustins déchaussées introduisent la dévotion à Marie avec un tableau de la Vierge Marie de Montaigu, et peu après par la statue de Notre-Dame de Savone, tout ceci grâce au frère Fiacre. La statue n'existe plus depuis la révolution.

Au début du 19e siècle, le pape Pie VII accorde une fête au Cœur très pur de Marie à quelques églises le dimanche de l'octave de l'Assomption, puis Pie IX renouvelle cette autorisation. Elle est finalement inscrite dans le calendrier liturgique universel en 1942 par Pie XII et fixée au 22 août, jour octave de l'Assomption.

Ensuite ce même pape institue une autre fête en 1954, celle de Marie Reine, afin que chaque année soit renouvelée la consécration du genre humain au Cœur Immaculé de la Bienheureuse Vierge Marie.

Lors des réformes liturgiques de Paul VI en 1969, la fête du Cœur Immaculé est transférée au samedi de la troisième semaine après la Pentecôte, soit le lendemain de la solennité du Sacré Cœur de Jésus.

Enfin, je ne peux oublier la consécration de la paroisse de Notre-Dame-des-Victoires au Cœur Immaculé de Marie par le père Charles Dufriche Des Genettes en 1836.

Un des protégés du père, le père François Libermann, fondera la société du Saint Cœur de Marie en 1841. Cette société repose sur la pensée religieuse de saint Jean Eudes. Rattachée aux Eudistes, cette société rejoint en 1848 l'ordre du Saint Esprit. Les apparitions de la Sainte Vierge à Fatima en 1917, renforce la dévotion au Cœur Immaculé de Marie.

Le pape Pie XII consacre le monde au Cœur Immaculé de Marie en 1942. Saint Jean-Paul II le fait en 1982, 1983 et 1984, la confie aux prêtres en 2010. Le pape François fait acte de consécration le 13 octobre 2013 puis il confie la Russie et l'Ukraine le 25 mars 2022, il invite l'Église et le monde à oser la foi totale dont Marie est le modèle et le guide.

Lorsque saint Luc affirme que Marie gardait tout et méditait tous les événements dans son Cœur parlant de l'identité de Jésus, il présente Marie comme modèle de la foi.

Le Cœur Immaculé de la Vierge est une expression qui nous renseigne sur l'absolu de sa foi, de sa confiance et de l'accueil du Seigneur au plus intime de sa personne. Elle représente aussi la pureté totale qui a été exempt du péché originel, le Cœur est Immaculé parce que la Vierge est restée toute sa vie à l'écoute de Dieu. La communion permanente avec Jésus lui a permis d'intérioriser la parole divine au point que son Cœur est devenu une demeure de l'Esprit Saint. Le cœur de la Sainte Vierge est exempt d'erreur, de négligence et d'égarement en raison de l'attention que Marie porte à Dieu aux affaires divines. L'amour, l'obéissance de la Vierge rejaillit sur son intelligence en la décuplant.

À l'écoute de l'Esprit Saint, le Cœur de Marie a redit le oui qu'elle avait prononcé à l'Annonciation au pied de la croix.

Dans la lumière de l'Esprit qui nous rappelle tout ce que Jésus nous a dit dans son dernier discours (Jean 14.26) et qui nous guidera vers la vérité tout entière (Jean 16.13).

Elle a pris la mesure du sacrifice de Jésus mais aussi de l'importance de sa propre compassion et de son union au don total de son fils, si bien qu'elle a compris plus intensément de l'intérieur la portée de la rédemption et la place que Dieu lui avait destiné dans celle-ci. Elle a consenti de nouveau sans révolte mais avec un cœur intelligent ferme et aimant au sacrifice de son fils. Ce Cœur Immaculé qui ne murmure pas, qui garde l'espérance parce qu'il sait que Dieu est un père sage, attentif et aimant.

Dieu a regardé le Cœur de la Sainte Vierge, il l'a vu si pur si saint, qui l'a jugé digne d'être associé à ses plans divins. Il voulait que le verbe de Dieu se fit chair et il voulait trouver sur terre un sanctuaire assez pur pour le contenir, un tabernacle assez saint pour en faire sa demeure. Il a trouvé le Cœur de Marie si Immaculé qu'il a pu lui dire : « Il n'y a pas de tâche en vous ! Ce n'est pas l'esprit, ce n'est pas l'intelligence de la Sainte Vierge qui a attiré les regards de Dieu, ce n'est pas sa naissance ni même ses actes, non c'est son Cœur.

Marie est la plus pure des créatures mais aussi la plus vertueuse car nul n'aime autant qu'elle l'absolue perfection, c'est-à-dire Dieu. Elle était donc parfaitement digne de porter le créateur, d'enfanter, de nourrir et d'élever celui devant qui les Séraphins se prosternent en se voilant la face.

Elle seule pouvait bercer dans ses bras le Dieu qui soutient l'univers. Par sa nature, il est certain que Marie n'est qu'une créature et de ce fait elle est inférieure aux anges mais elle est la mère de Dieu.

Et selon le mot de saint Thomas d'Aquin : « Mater Domini Domina es », ce qui veut dire « la mère du seigneur est reine ». Le Cœur de Marie est un sanctuaire d'amour pour les hommes.

Qui dira depuis le moment où le Christ désigna saint Jean à l'amour de sa mère, l'amour que Marie a pour nous ? Le Cœur de Marie fut transpercé par le glaive que Syméon, d'un regard prophétique voyait par avance. On a dit de Marie qu'elle était le plus gracieux sourire de Dieu. Dieu a trouvé le moyen entre l'amour infini de son fils et notre misère, de faire apparaître une autre bonté et cette miséricorde personnifiée c'est la Vierge au Cœur Immaculé. C'est la mère du bel amour ferme dans son Cœur la bonté maternelle la plus répandue. Marie en adoptant les pécheurs, mérite ce titre de consolatrice de refuge et de porte du ciel.

Marie établie mère de tous les hommes, a reçu de Dieu une force, une puissance d'attention incomparable en harmonie avec le rôle que Dieu lui a donné. Elle s'occupe du genre humain tout entier, elle le porte dans sa pensée et chaque homme en particulier est présent à son Cœur. Elle veille sur chacun avec sollicitude et s'occupe de ses besoins par rapport à la vie terrestre, à la vie éternelle. Ainsi imite-t-elle l'attention de la divinité qui n'est jamais séparée des hommes, ses enfants.

L'affection de Marie est sans limite et son Cœur a reçu la latitude nécessaire pour accomplir ses fonctions maternelles. Il contient tous les hommes et les embrasse d'un amour plein de sollicitude et de tendresse, comme le prouve les miracles qu'elle opère pour la guérison de leurs corps et toutes les grâces surnaturelles qu'elle obtient pour la persévérance des justes et la conversion des pécheurs.

Elle est le canal et la distribution des grâces et des dons célestes, Dieu l'ayant élevée à la dignité de mère universelle du genre humain, a déposé entre ses mains une puissance qui lui permet de remplir son rôle béni.

Marie est une médiatrice pour nous guider et nous conduire à celui qui seul est le suprême médiateur. Honorer le Cœur de Jésus n'est-ce pas réjouir le Cœur de Marie ? C'est elle qui l'a formé, qui en a recueilli les premiers battements, qui l'a le plus connu et aimé, c'est elle qui nous introduit vers ce divin Cœur. Elle nous dit que le Cœur de Jésus veut être aimé parce qu'il nous a aimés le premier.

Elle nous dit également : « Cor nostrum patet ad vos : mon cœur est pour vous un refuge toujours ouvert et toujours assuré. Venez tous chercher la force, le pardon, la miséricorde pour vos faiblesses, pour vos fautes dans mon Cœur Immaculé toujours ouvert ».

Marie est notre mère, ce n'est pas un titre honorifique mais une réalité aussi concrète que peut être la maternité de toutes les mamans de la terre. À cette différence près, notre amour maternel est limité, fragile, mêlé d'égoïsme et quelquefois de paresse et de lâcheté. Mais par l'amour de Marie justement parce qu'elle est Immaculée, sa pureté n'en fait pas quelqu'un d'éthéré, un peu irréel comme un maternel inaccessible. Au contraire elle n'en est que plus humaine, plus présente, plus libre, le péché ne vient pas entamer son amour pour nous, ne vient le fausser ni l'altérer.

En bonne éducatrice, Marie n'agit pas à notre place mais nous apprend à accomplir ce que nous devons faire, quand nous devons le faire, alors notre vie s'ordonne peu un peu et se pacifie en profondeur. Marie de toutes les créatures est la plus proche de Dieu, elle est aussi la plus convaincue de son impuissance personnelle à racheter les fautes de l'humanité. Avocate des pécheurs et dispensatrice innombrable des pardons, elle sait néanmoins que seul son fils a droit et pouvoir de remettre les péchés. C'est en ambassadrice de Jésus qu'elle vient parmi nous, c'est à Jésus qu'elle veut nous ramener. C'est pour cela que le siècle de Marie au 19e siècle se prolonge en siècle eucharistique par la suite.

Marie refuge des pécheurs, ouvre les bras pour nous recevoir puis les étend pour nous protéger. Elle ouvre ses bras pour que, sur son Cœur Immaculé, les pécheurs trouvent un abri assuré et les étend pour qu'ils y rencontrent une protection certaine. Elle les ouvre pour les garder d'eux-mêmes. Sur nous l'action de Marie sera une action de lumière, de tendresse, de force, de laquelle résultera une sécurité mère de la paix intérieure.

Refuge des pécheurs, Marie ne les protège pas seulement, elle porte leurs misères car elle connait leurs malheurs plus profondément qu'eux-mêmes ne les connaissent. Elle les accueille, leur donne la vie divine pour repartir avec confiance dans l'amour de Jésus.

Le titre de « Marie refuge des pécheurs » que vous connaissez certainement, s'inspire d'une belle prière de saint Bernard : « Si les vents des tentations s'élèvent, si tu rencontres le récif des tribulations, regarde l'étoile, invoque Marie. Si tu es submergé par l'orgueil, l'ambition, le dénigrement et la jalousie, regarde l'étoile, crie Marie si la colère l'avarice ou les fantasmes de la chair secouent le navire de ton esprit, regarde Marie. Si accablé par l'énormité de tes crimes, confus de la laideur de ta conscience, effrayé par l'horreur du jugement, tu commences à t'enfoncer dans le gouffre de la tristesse, dans l'abîme du désespoir, pense à Marie. Que son nom ne quitte pas tes lèvres, qu'il ne quitte pas ton cœur, et pour obtenir la faveur de ses prières, n'oublie pas les exemples de sa vie. »

À l'époque de saint Bernard, un manuscrit avec des litanies mariales l'invoque comme refuge des pauvres.

En 1524 en Italie, elle apparaît comme refuge des sans espoir et refuge des pécheurs. Le titre de « refuge des pécheurs » apparaît dans les litanies de Lorette en 1558.

Je finirai avec la fête patronale de Notre-Dame-des-Victoires qui était autrefois célébrée le quatrième dimanche d'octobre.

Cette fête fut célébrée pour la première fois le 22 octobre 1741, puis reportée par Pie XI qui institue la fête du Christ roi en 1925.

Le samedi précédant cette solennité, Notre-Dame des Victoires aime les pécheurs dont elle est le refuge, elle les poursuit de sa tendresse c'est-à-dire de son Cœur pour les ramener à son fils.

Méditons cette belle prière à Marie du pape Benoît XVI :

« Marie mère du oui, tu as écouté Jésus et tu connais le timbre de sa voix et le battement de son cœur.

Étoile du matin, parle-nous de lui et raconte-nous ton chemin pour le suivre sur la voie de la foi.

Marie qui à Nazareth a habité avec Jésus, imprime dans notre vie tes sentiments ta docilité, ton silence qui écoute et transforme la parole en choix de véritable liberté.

Marie, parle-nous de Jésus afin que la fraîcheur de notre foi brille dans nos yeux et réchauffe le cœur de ceux que nous rencontrons comme tu l'as fait en rendant visite à Élisabeth, qui dans sa vieillesse s'est réjouie avec toi pour le don de la vie. Marie, Vierge du Magnificat, aide-nous à apporter la joie dans le monde et comme à Cana qui invite chaque jeune engagé dans le service à ses frères à faire uniquement ce que Jésus dira.

Marie porte du ciel nous à élever notre regard vers le haut ».

Notre-Dame de Montaigu et Notre-Dame de Savone

J'ai choisi aujourd'hui de vous parler de deux figures mariales qui ont beaucoup compté dans l'histoire de Notre-Dame-des-Victoires.

Elles sont représentées par des plaques bleues qui sont situées à l'entrée du chœur. À gauche c'est Notre-Dame de Montaigu dont je vais vous parler en premier et sur votre droite c'est Notre-Dame de Savone.

Notre-Dame de Montaigu était vénérée par les moines, les Augustins déchaussés qui habitaient ici puisqu'il y avait un couvent et cette église qui allait être construite, le protecteur et le fondateur étant le roi Louis XIII.

Parmi les moines il y avait le frère Fiacre dont nous parlerons une autre fois, ce fut une grande figure de l'histoire de l'église de Notre-Dame-des-Victoires.

Notre-Dame de Montaigu était placée dans la chapelle provisoire au-dessus du tabernacle du maître-autel, qui est maintenant la sacristie car on était en train de construire cette église.

Pourquoi vénérait-on Notre-Dame de Montaigu ? Tout simplement parce qu'elle a une histoire avec les moines Augustins déchaussés. Située à 18 km de Louvain en Belgique, on rencontre une colline appelée Montaigu sur laquelle se dressent les maisons d'une petite cité connue sous le même nom. À la fin du 15e siècle, cette colline ne possédait aucune habitation car le sol était trop inculte. C'était même à cause de sa stérilité et de ses pentes escarpées qu'elle avait reçu le nom de Mont Aigu.

Au début du 16e siècle, les bergers s'imaginèrent façonner une statuette de la Sainte Vierge avec les branches d'un gros chêne qui se trouvait sur le plateau de la colline et ils placèrent la pieuse image dans une niche formée naturellement au tronc de l'arbre. Les gens des alentours ne tardèrent pas à venir prier au pied de la Vierge du chêne.

Plusieurs faits extraordinaires s'y passèrent et ne firent qu'augmenter la dévotion envers Notre-Dame de Montaigu, ainsi l'appelait-on déjà.

Non seulement on se rendait de toutes parts auprès de la sainte image mais aussi on demandait des fragments du chêne qui l'abritait. Devant cet empressement croissant des pèlerins, l'archevêque de Malines ordonna de construire une chapelle à l'endroit même où la Sainte Vierge avait été honorée jusque-là. La statuette des bergers y fut placée avec honneur par l'archevêque de Malines qui voulut bénir lui-même ce nouveau sanctuaire enrichi bientôt à sa demande de nombreuses indulgences par le pape de l'époque, le souverain Pontife.

Un demi-siècle après en 1609 sur la colline de Montaigu, s'élevait une ville d'une certaine importance et la chapelle édifiée par l'archevêque de Malines était remplacée par une magnifique église que faisaient construire à leurs frais l'archiduc Albert d'Autriche et son épouse Isabelle.

Le chêne qu'on avait dû abattre lors de la construction de la chapelle, servit à sculpter des statuettes sur le modèle de celle qui était honorée à Montaigu. Transportées dans des chapelles particulières, dans des églises paroissiales ou des couvents, ces statuettes donnèrent lieu à des fondations d'associations et servirent à développer le culte de Marie sous le titre de Notre-Dame de Montaigu.

Une statuette faite avec le bois du chêne de Montaigu fut importée à Paris en 1628 par un moine Augustin déchaussé : le père Ange que ses nombreuses missions en Flandre l'ont fait considérer comme l'apôtre de ce pays et lui avait valu le surnom de flamand.

On choisit pour la statuette une place d'honneur, elle fut placée au-dessus du tabernacle de l'autel principal. Notre-Dame de Montaigu était privilégiée pour les âmes du purgatoire. Lorsque le culte devint possible dans l'église en 1666, on plaça une statue de Notre-Dame des Victoires et pour ne pas multiplier les images de la Sainte Vierge, Notre-Dame de Montaigu fut placée à la sacristie.

Le roi Louis XIV vint en 1654 et 1661 honorer Notre-Dame de Montaigu. La statuette était particulièrement priée lors du chant des litanies de Lorette le samedi et les jours de fête de la Sainte Vierge. La statue était descendue de sa place ordinaire et disposée au milieu des lumières sur l'autel. Cet usage subsista jusqu'en 1732 où fut fondé le salut du Saint Sacrement.

Personne ne sait ce qu'est devenu la statuette, il n'y a aucune trace dans les archives, elle a sûrement disparu comme Notre-Dame de Savone dont je vais vous parler.

De 1674 à 1796, il y avait à la place de l'actuelle statut de Notre-Dame des Victoires celle de Notre-Dame de Savone.

Le personnage qui est lié à cette statue est le frère Fiacre, religieux Augustin déchaussé du couvent attenant à l'église de Notre-Dame-des-Victoires. Le frère Fiacre était très apprécié de la famille royale car il avait eu la révélation de la naissance du futur Louis XIV lors de l'apparition de la Vierge. Il était donc souvent envoyé en mission.

En 1661 à Lorette, sanctuaire situé en Italie, il est missionné par le roi Louis XIV, sa femme la reine Marie-Thérèse et la reine mère Anne d'Autriche pour accomplir trois vœux qu'ils avaient fait en Action de grâce pour le traité de paix des Pyrénées. Ce traité scellait la réconciliation entre la France et l'Espagne par le mariage de Louis XIV avec l'infante Marie-Thérèse.

Le voyage de frère Fiacre va s'arrêter dans la petite ville de Savone située au nord de l'Italie pas très loin de Gênes car le bateau sur lequel il s'était embarqué avait fait naufrage et avait été attaqué par des pirates.

Bienheureuse circonstance car le frère Fiacre découvre le sanctuaire de Savone et son histoire.

Le 18 mars 1536 sous le règne du pape Paul III, Antoine Botta, laboureur du village de Saint-Bernard près de Savone, descendit au lever du soleil pour se laver les mains dans un ruisseau. Il aperçut une grande lueur venant du ciel et entendit une voix qui lui dit : « Lève-toi, ne craint point je suis la Vierge Marie. Va trouver ton confesseur, dis-lui qu'il annonce au peuple de jeûner trois samedis. Tu te confesseras, tu communieras et le quatrième samedi tu reviendras en ce lieu ». Botta obéit ponctuellement, étant revenu le quatrième samedi, la Vierge lui apparut vêtue d'une robe, d'un manteau blanc et une couronne d'or sur la tête, elle lui dit de faire annoncer aux fidèles le jeûne et la pénitence.

L'énormité de leurs péchés avaient irrité son fils Jésus et sa colère était prête à tomber sur leurs têtes.

Botta une fois de plus obéit et alla raconter au curé son confesseur les merveilles qu'il avait vues et ce que la Sainte Vierge lui avait ordonné de dire. Le curé qui connaissait bien la vie de son paroissien n'eut pas de peine à croire ce qu'il racontait, cependant comme il était sage, il examina de près les circonstances de cet événement si singulier et s'étant convaincu de la vérité du fait, il monta en chaire, publia l'apparition de la Vierge et prêcha le repentir.

Botta donna l'exemple de la pénitence se confessant et communiant. On l'imita en grand nombre, les péchés diminuèrent beaucoup et la vallée de Saint-Bernard vit une phase nouvelle.

La Sainte Vierge apparut une troisième fois à Botta, elle lui ordonna d'aller à Savone exhorter le peuple à la pénitence en leur disant tout ce qu'il avait vu. Il communiqua la troisième apparition à son curé qui se rendit à Savone pour informer l'évêque et les magistrats. Botta entra dans la ville et prêcha la pénitence sur les places publiques. « Dieu est en colère, qu'on fasse pénitence et qu'on change de vie ».

Le jeune homme fut interrogé par l'évêque et les magistrats, il répondit avec sagesse et force.

Les prédicateurs montèrent en chaire pour annoncer les sollicitudes de la mère de Dieu. Le clergé, les magistrats et le peuple allèrent en procession à la vallée de Saint-Bernard. Et pour conserver le souvenir de ce bienfait, on établit une fête solennelle qui se célèbre tous les ans à Gênes et toute la région le 18 mars, date de la première apparition.

Le pape Paul III redonna son accord par une bulle datée du 4 août 1537.

Les magistrats de Savone firent élever une église près du ruisseau où la Vierge était apparue. On y a placé une belle statue de marbre blanc enrichi d'une infinité de pierreries. À ses côtés Botta est à genoux, vêtu d'un justaucorps, un treillis, un bonnet à la main, des guêtres et des sabots aux pieds.

Le frère Fiacre eut alors l'inspiration d'introduire en France la dévotion à Notre-Dame de Miséricorde. On appelait Notre-Dame de Savone Notre-Dame de Miséricorde car dit-il : « Si elle est bonne pour les pécheurs d'Italie, elle le sera aussi pour ceux de France ».

La reine Anne d'Autriche promit de loger la statue dans l'église de Notre-Dame-des-Victoires dont on achevait la première partie.

La statue de Notre-Dame de Savone, sculptée dans du marbre blanc arrive en France en 1664, mais elle demeura dix ans sans recevoir de destinataire. Pourquoi ? Le frère Fiacre avait conçu le projet de fonder à Montmartre un nouveau monastère de son ordre et d'en consacrer l'Église sous le titre de Notre-Dame de Savone. Mais le projet ne put aboutir car l'abbesse de Montmartre, Françoise de Lorraine (fille de Charles de Lorraine, duc de Guise), craignant que la nouvelle dévotion n'effaçât celle de son abbaye, mit dans ses intérêts l'archevêque de Paris de l'époque qui s'appelait Hardouin de Péréfixe. Celui-ci refusa de consentir à l'établissement d'un nouveau monastère. Le frère Fiacre se résolut alors de faire ériger dans l'église de Notre-Dame-des-Victoires, une chapelle à Notre-Dame de Savone. Il s'adressa à la reine-mère Anne d'Autriche dont il avait tant de fois éprouvé les libéralités et lui représenta que c'était avec ses aumônes qu'on avait pu sculpter la statue, qu'il avait l'honneur de l'entretenir des merveilles de Notre-Dame de Savone. Enfin il ajouta : « Madame, c'est une reine étrangère qui vous demande l'hospitalité dans votre royaume pour le combler de bénédictions ». La reine fut touchée du zèle et de la confiance avec laquelle il prononça ces paroles. Elle lui promit qu'elle ferait bâtir une chapelle dans l'église et qu'elle y placerait cette grande reine étrangère. Mais sa mort en 1666 l'empêcha d'accomplir ce pieux projet. Cependant avant de mourir, elle avait instamment prié son fils Louis XIV de tenir ses engagements. Celui-ci s'empressa de remplir les volontés de sa mère et chargea Colbert, ministre secrétaire d'État et contrôleur des finances, de faire ériger cette chapelle.

La construction fut confiée à l'architecte Charles Perrault qui l'exécuta sur les dessins du Vénitien Scamozzi.

Le 2 avril 1674, la chapelle fut solennellement bénite. La reine Marie-Thérèse vint représenter la famille royale et on y célébra pour la première fois le Saint Sacrifice de la messe.

La statue de Notre-Dame de Savone était placée sur un piédestal de marbre blanc au milieu de l'autel, à côté celle d'Antoine Botta à genoux devant elle.

Le frère Fiacre au comble de ses vœux, se prosterna devant la statue et demanda à la Sainte Vierge que dans cette église où son image était placée par une providence particulière, elle fut le refuge des pécheurs et accorda à la France les mêmes bénédictions qu'aux habitants d'Italie.

Deux cents ans plus tard, en 1836, l'Église devenait un sanctuaire privilégié et la miséricorde divine se répandait et répand toujours ses grâces par l'intercession du Cœur Immaculé de Marie et fondation de l'Archiconfrérie par le curé de l'époque le père Des Genettes pour la conversion des pécheurs.

À l'occasion de son quatrième centenaire, le sanctuaire de Savone offrit à Notre-Dame-des-Victoires, une majolique bleue qui reproduit l'apparition de 1536.

Elle fut inaugurée le 28 janvier 1937, le frère Fiacre est enterré juste en dessous de la plaque.

L'autel et la statue de Notre-Dame de Savone disparurent en 1796, déposés au musée des monuments français, ils ne furent jamais retrouvés.

Les chapelles

Lorsque vous pénétrez dans cette église, vous vous dirigez pour la majorité d'entre vous vers celle qui en est la patronne, la Sainte Vierge, connue ici sous le nom de Notre-Dame des Victoires.

Arrivés devant l'autel, vous contemplez la statue de Marie et l'Enfant Jésus. Vous avancez et vous vous mettez à genoux pour prier Marie, refuge des pécheurs.

Cette statue qui a failli être détruite durant la Commune en 1871, n'est pas la statue d'origine. Avant elle, il y avait Notre-Dame de Savone, ramenée par le frère Fiacre au 19e siècle.

La statue et l'autel, transportés au musée des monuments français en 1796, ne furent jamais retrouvés.

Lorsque l'église fut réouverte au culte en 1809, la statue actuelle fut installée. On ne connaît pas le nom du sculpteur, on sait seulement qu'il était Italien et que la statue est une ébauche en plâtre.

La statue mesure 1m85 avec les nuages sur lesquels elle repose. Celle de l'Enfant Jésus mesure 85 cm. Il ne repose pas dans les bras de sa mère, comme on le voit ordinairement, mais est debout sur un globe parsemé d'étoiles. Ses mains sont tendues vers les pèlerins qui s'approchent : invitation à la confiance.

Les deux statues sont couronnées, ce ne sont pas les couronnes offertes par le pape Pie IX en 1853. Celles-ci furent dérobées lors du pillage de l'église en 1871 et remplacées quelques années plus tard en 1876, lors d'une souscription.

L'autel qui est en marbre, a été élevé par le successeur de l'abbé Des Genettes, l'abbé Chanal. Monseigneur Darboy, archevêque de Paris, l'a consacré le 8 décembre 1863.

En vertu de plusieurs brefs apostoliques, cet autel est privilégié. Le tabernacle est en marbre onice dit d'Algérie et du Mexique. Le sujet représenté sur la porte de ce tabernacle en bronze doré, est l'adoration des bergers devant l'Enfant Jésus.

En dessous de l'autel se trouve la châsse de Sainte-Aurélie. Le corps de cette jeune fille vierge et martyre se trouvaient dans les catacombes de Sainte-Priscille à Rome, il en fut extrait le 18 avril 1842. Quelques semaines après, le pape Grégoire XVI en faisait présent à l'abbé Des Genettes.

La translation des reliques de Rome à Notre-Dame-des-Victoires eut lieu le 25 mars 1843. La châsse, elle aussi, fut profanée en 1871. Les reliques furent replacées sous l'autel le 4 mai 1873. Elles y reposent sur des coussins de velours et d'or, non plus, comme autrefois, dissimulées sous une figure de cire, mais dans l'état même où elles ont été extraites des catacombes.

Le retable (ensemble de lambris ou de revêtements de menuiserie, de marbre ou de stuc au-dessus d'un autel) est formé de deux colonnes ioniques cannelées, qui encadrent la statue et supportent un fronton triangulaire. Ce fronton est chargé d'ornements et de bouquets de lys et surmonté d'une croix. Au-dessus de la statue, on lit sur la frise du fronton ces mots écrits en lettres d'or : « cordi immaculato béata Maria virginis », c'est à dire « Cœur Immaculé de la Bienheureuse Vierge Marie ».

La chapelle est remplie d'ex-voto de marbre, de cœurs, de médailles militaires et de lampes. La sépulture de l'abbé Des Genettes se trouve au pied de l'autel.

Des deux côtés de la statue, de grands tableaux forment un des principaux ornements de la chapelle. Ils représentent l'Annonciation et l'Assomption de la Sainte Vierge.

Ces tableaux ont été réalisés en 1869 et 1870 par le peintre Louis Muller. On les a substitués à deux autres tableaux qui se trouvent actuellement dans la chapelle de Saint-Augustin car au départ, ils avaient été commandés pour la chapelle de Saint-Augustin.

Chapelle Saint-Augustin

Face à la Sainte Vierge, saint Augustin, qui est le second patron de Notre-Dame-des-Victoires. Avant la révolution, il était le premier patron du pouvoir des petits Pères, qui était juste à côté de l'église.

La statue du saint est le principal ornement de cette chapelle. Avant 1793, elle était en marbre et avait été réalisée par le sculpteur Jean-Baptiste Pigalle.

Depuis la réouverture de l'église en 1809, une simple statue en pierre, un cœur enflammé d'amour, remplace la précédente. L'abbé Des Genettes considérait avec affection l'image de saint Augustin, placée en face du cœur immaculé de Marie. Elle représentait pour lui, le pécheur cherchant pour revenir à Dieu, un abri auprès de Marie, refuge des pécheurs.

Si vous contemplez la statue, vous voyez que saint Augustin tient dans sa main gauche non pas un fruit, mais un cœur selon ce qu'il disait : « Tu nous as fait pour toi, Seigneur, et notre cœur est sans repos tant qu'il ne demeure en toi ». L'ornementation de cette chapelle, moins l'autel, est la même que celle qui décorait primitivement la chapelle de l'Archiconfrérie.

Quand l'église fut rendue au culte, les deux chapelles furent disposées de la même manière. Deux colonnes ioniques qui se dressent de chaque côté de l'autel encadrent une large niche et supportent un fronton triangulaire. Le tout est en bois peint, mais imitant parfaitement le marbre. L'autel vient de la chapelle de la Sainte Vierge, il y a été installé en 1863. Autrefois de larges glaces abritaient six grands reliquaires précieux.

Comme dans la chapelle de la Sainte Vierge, il y a de chaque côté de l'autel deux tableaux.

Le premier tableau est le mystère de l'Immaculée Conception. La Vierge vêtue de blanc, apparaît au milieu du ciel dans la gloire. Autour d'elle des myriades d'anges. Du milieu de ces anges, se détachent les deux archanges saint Michel et saint Gabriel.

Saint Michel présente à Marie un sceptre et une couronne, et saint Gabriel lui offre un lys, emblème de la virginité.

Le second tableau rappelle la scène de la proclamation du dogme de l'immaculée conception le 8 décembre 1854.

Pie IX est debout sur son trône dans la Basilique vaticane. Auprès du pape, les cardinaux Antonelli et Patrizi, des évêques d'Orient et d'Occident à la tête du peuple catholique, accueillent avec vénération et reconnaissance la décision du Saint-Père.

Ces deux tableaux ont été réalisés par le peintre Pasqualini et furent achevés en 1867. Placés d'abord dans la chapelle de la Sainte Vierge, ils furent transférés quelques années plus tard dans la chapelle de Saint-Augustin.

Chapelle Notre-Dame-des-Sept-Douleurs

À côté de la chapelle de Saint-Augustin, se trouve la chapelle Notre-Dame des Douleurs qu'on appelait auparavant Notre-Dame des Sept Douleurs. Ce culte avait été florissant de 1657 de par la volonté d'Anne d'Autriche, femme de Louis II, jusqu'en 1789.

L'abbé Des Genettes s'en souvint lorsqu'il fonda l'Archiconfrérie et il pria le Saint-Père de désigner Notre-Dame des Douleurs comme la patronne de cette œuvre destinée au salut des pécheurs. Notre-Dame des Douleurs était située dès 1844 à l'actuelle chapelle du Sacré-Cœur, et le changement a eu lieu en 1876. Avant 1793, cette chapelle était dédiée à Saint Jean-Baptiste.

La veuve de Jean-Baptiste Lulli en acquit la propriété en 1688, elle en affecta le caveau à la sépulture de son mari.

Après la révolution, la chapelle resta longtemps sans autel et sans désignation spéciale. L'abbé Des Genettes y avait installé son confessionnal. Celui-ci est maintenant dans la chapelle Saint-Augustin. L'autel actuel date de 1876. L'ensemble est en marbre blanc incrusté de marbres de couleurs et enrichi d'ornements en bronze doré. La porte du tabernacle est en bronze.

L'arrière-corps de l'autel et le retable sont en pierre de Caen avec incrustation de laves émaillées dans les soubassements.

Au-dessus de la corniche, deux anges tiennent les instruments de la passion. Le bas-relief représente le corps de Jésus descendu de la croix et reçu par sa mère. Le caveau de la chapelle, aujourd'hui muré par l'autel, restera célèbre dans l'histoire de Notre-Dame-des-Victoires, non seulement à cause de Lulli, mais aussi à cause du vandalisme qui eut lieu le 18 mai 1871.

Chapelle de la Sainte-Enfance

Nous arrivons dans la chapelle de la Sainte-Enfance. Cette chapelle, du fait de son nom, ainsi que l'autel qui la décore, rappelle le souvenir de monseigneur de Forbin Janson, fondateur de l'œuvre de l'Enfant de la sainte Enfance, que l'on appelle maintenant l'enfance missionnaire.

Celui-ci désirait mettre son œuvre sous la protection de Notre-Dame-des-Victoires et inspira à l'abbé Des Genettes la pensée de consacrer une des chapelles de son église à Jésus enfant et lui proposa de l'orner.

La chapelle de la Sainte-Enfance est couverte d'ex-voto, comme les autres chapelles de l'église. L'ex-voto situé à gauche, est orné d'une branche de marguerite. Avant 1871, il avait pour vis-à-vis des roses qui ont disparu durant dans le pillage de l'église. Depuis quelques années, la statue de Saint-Jean-Paul II et l'icône du Saint Curé d'Ars y sont vénérées.

Chapelle de Saint-Jean l'Évangéliste

Nous arrivons à la troisième chapelle, celle de Saint-Jean l'Évangéliste.

Elle était dédiée avant la révolution, à Sainte-Geneviève.

L'abbé Des Genettes la fit restaurer en 1844, les boiseries et l'autel furent entièrement renouvelées. On ménagea dans le retable trois niches de différentes grandeurs dans lesquelles se trouvaient les statuts de Saint-Pie V, Sainte-Geneviève et Saint-Charles Borromée.

Des modifications furent apportées en 1866, consacrant la chapelle à Saint-Jean l'Évangéliste, Saint-Jean-Baptiste et Sainte Marie-Madeleine, et la nommant la chapelle Saint-Jean.

Les anciennes statues furent transférées à la sacristie et les niches furent occupées par de nouvelles statues. Mais en 1878, deux des niches ont été supprimées. Saint-Jean l'Évangéliste est resté seul titulaire.

À cette même époque, l'ancien autel a disparu. Celui qu'on lui a substitué, se trouvait dans la chapelle du Sacré-Cœur. Il était en bois sculpté.

Au-dessus de l'autel sont placés deux médaillons dorés, il s'agit de l'abbé Des Genettes sur la gauche, à droite de monseigneur de Quelen, archevêque de Paris à cette époque.

L'un des ornements de cette chapelle, est le tombeau de Lulli. Ce monument est l'œuvre de Cotton, il est placé juste au-dessus de la petite voûte. Il se compose d'un cénophate de marbre noir, sur lequel on lit en grosses lettres : «Jean-Baptiste Lulli, mort en 1687, par Cotton». Au-dessus du cénotaphe, domine le buste en bronze de Lulli auquel sont adossées deux femmes dans l'attitude d'une profonde douleur. Peut-être symbolisent-elles l'art du chant et celui de la symphonie.

Deux génies représentant la musique religieuse et la musique profane, sont assis au pied du buste de Lulli. Sur une large table de marbre, en dessous du mausolée, on lit l'inscription qui relate la position de Lulli à la Cour de Louis XIV comme surintendant de la musique du roi, et sa mort très chrétienne.

Un médaillon de marbre blanc, dû aux ciseaux du sculpteur Antoine Coysevox, achève l'ornementation du mausolée. C'est le portrait authentique du compositeur. Comme on ne pouvait pas le mettre auprès du tombeau, on l'a placé derrière, dans la chapelle voisine. Il est uni au mausolée par des vers en latin de Santeuil à la gloire du musicien.

Le cénophate fut enlevé en 1796 et emmené au musée des monuments français et fut réinstallé en 1822. Le médaillon avec les vers de Santeuil y a été ajoutés en 1823.

La chapelle située à côté de la chapelle Saint-Jean était la chapelle des Fonts Baptismaux. Elle est consacrée à Sainte-Thérèse de l'Enfant-Jésus, depuis 1931.

Chapelle Saint-Pierre

En face de la chapelle Sainte-Thérèse, se situe maintenant le confessionnal. C'était autrefois la chapelle Saint-Pierre, qui jusqu'en 1862, servait tout simplement de débarras. On y avait installé la statue de Saint-Pierre qui est maintenant sur le côté. Cette statue est en bois de tilleul bronzé, les pieds seuls sont en bronze. C'est une reproduction fidèle de la statue du Vatican. Saint-Pierre est assis sur le siège apostolique. De la main gauche, il tient les clés, symbole du pouvoir spirituel. De l'autre main, il bénit et une auréole brille sur sa tête.

Le piédestal de marbre date de 1869, il a été donné par le Comte Lafont. Le précédent piédestal était en bois de chêne. Cette chapelle est ornée d'un beau vitrail où l'on peut voir les armes de la papauté, la tiare avec les clés en sautoir, était autrefois le centre d'un très grand pèlerinage.

Chapelle Saint-Joseph

On va continuer dans l'autre sens, donc après l'ancienne chapelle Saint-Pierre, on arrive à la chapelle Saint-Joseph.

Cette chapelle du temps des moines Augustins était dédiée à Notre-Dame des Douleurs. Dans ce temps-là, il n'y avait aucune chapelle dédiée à Saint-Joseph. On lui en consacra une après la révolution, mais c'était la chapelle d'à côté, celle-ci fut placée sous le patronage de Sainte-Hélène.

En 1844 l'abbé Des Genettes consacre la chapelle à saint Joseph, c'est à cette époque que fut faite la principale ornementation. En 1857, elle fut encore perfectionnée. L'autel en marbre de couleur, chargé de bronze doré, a été construit en 1883.

Le mausolée situé à gauche de l'autel, au-dessus de la petite voûte qui sépare cette chapelle de la suivante, a été érigée à la mémoire de Jean Vassal, secrétaire du roi Louis XIV, ainsi que l'indique cette inscription gravée sur une table de marbre noir. Une pyramide également en marbre noir se dresse sur le cénotaphe. Un médaillon représente le portrait du défunt. Ce monument se trouvait avant la révolution dans la chapelle précédente.

Sur la paroi opposée, cette pleureuse assise sur une dalle de marbre blanc, appartenait au mausolée du marquis de l'hôpital, que l'on voyait avant la révolution dans une chapelle qui sert aujourd'hui d'avant sacristie.

Chapelle du Sacré-Cœur

Avant 1793, cette chapelle était consacrée à Saint-Eusèbe. Elle avait été probablement ornée par Eusèbe-Jacques Chaspoux de Verneuil, introducteur des ambassadeurs à qui les religieux l'avaient concédé et qui fut enterré en 1745.

En 1844, l'abbé Des Genettes la dédia à Notre-Dame des Douleurs.

En 1874, le vocable fut changé et on lui substitue celui du Sacré-Cœur. L'autel actuel a été réalisé en 1877, dans la façon dont celui qui se trouve dans la chapelle de Notre-Dame-des-Douleurs.

Le bas-relief est en pierre de Caen, mais il est disposé dans la hauteur, ce qui donne à l'ensemble un aspect plus élancé. Le bas-relief représente l'apparition de Notre Seigneur à Sainte Marguerite-Marie. Les boiseries de cette chapelle sont estimées, elles datent du temps des Augustins.

Chapelle Sainte-Anne

La dernière chapelle est celle de Sainte-Anne. Autrefois dédiée à Saint-Nicolas de Tolentino, cette chapelle resta depuis 1809 jusqu'en 1865 sans destination spéciale.

Cette année-là, le conseil de l'Archiconfrérie décida qu'on y élèverait à ses frais un autel à Sainte-Anne, l'une des patronnes de l'association. L'autel de modeste apparence, a été reconstruit en 1879. Le travail fut confié, comme pour les chapelles de Notre-Dame des Douleurs et du Sacré-Cœur à monsieur Jacquier. La même idée d'ensemble que dans les deux précédents autels a présidé la composition de celui-ci.

Le tout a été coordonné dans le style Louis XIV. Le bas-relief représente saint Anne, assise, enseignant la Sainte Vierge, debout à côté d'elle.

Chapelle Saints Louis et Zélie Martin

Béatifiés en 2008 par Benoît XVI, canonisés en 2015 par le pape François, Louis et Zélie, dont la vie ordinaire a été vécue avec un amour extraordinaire malgré les épreuves, sont un modèle d'espérance.

Les personnes souhaitant fonder un foyer, cherchant leur vocation, les parents éprouvés par les difficultés de l'éducation ou la perte d'un enfant. Celles touchées par la maladie physique ou psychique, fragilisées ou en fin de vie… Nous avons en eux de puissants intercesseurs auprès de Dieu !

La force du couple Martin est son grand amour de Dieu et de la Sainte Vierge. La famille entretient particulièrement une grande dévotion à Notre-Dame-des-Victoires.

De père en fille, dans les joies et dans les peines, Notre-Dame-des-Victoires a veillé sur la famille Martin.

Haut lieu thérésien, il était évident que la basilique devienne aussi un lieu de pèlerinage à la suite des saints époux et parents de la petite Thérèse.

Cette chapelle est née de la restauration de l'ancienne chapelle des catéchismes et fut inaugurée le 16 janvier 2012 lors de la fête patronale de Notre-Dame-des-Victoires, par monseigneur Jérôme Beau, alors évêque auxiliaire de Paris.

Elle très excentrée par rapport aux autres chapelles. On y accède par un couloir situé à gauche du chœur.

L'architecture est sobre, dépouillée. De chaque côté de l'autel sont représentés les portraits des saints Louis Zélie et Thérèse,

Martin. Au-dessus de la porte d'entrée, une copie de la statue de la Vierge du sourire, rappelant la guérison de Thérèse en 1883.

L'original de cette statue se trouve au-dessus de la châsse contenant les reliques de la sainte, dans la chapelle du carmel de Lisieux.

Comme elle les accompagna, Notre-Dame des Victoires saura accompagner tous ceux qui se confient à leur intercession.

Bénitiers et inscriptions

Lorsque nous entrons dans la basilique, nous nous dirigeons vers l'un des deux bénitiers placés de part et d'autre à l'entrée de la nef.

Au-dessus des bénitiers est gravée une sentence empruntée à l'église Sainte-Sophie de Constantinople, qui est devenue célèbre par le vers qu'il exprime : « ablue peccata non solam faciem ».

En 1863, lors de la restauration de l'église aux frais de la ville de Paris, cette table de marbre, car il n'y en avait qu'une à l'époque, au-dessus du bénitier situé à gauche, fut enlevée sous le prétexte qu'elle contrastait avec la blancheur du pilier et détruisait l'harmonie des lignes.

En 1868, le Conseil de fabrique décida de rétablir l'ancienne inscription et d'en orner les deux bénitiers. Ils y font fait ajouter une traduction française exprimée par ce vers dû au père Lefebvre de la compagnie de Jésus : « C'est l'âme et non le corps qu'il faut purifier ».

Pour les caractères, on consulta monsieur Régnier habile épigraphe. Pour le texte grec, il indiqua les caractères de l'époque damasienne, voisine de l'époque de Constantin, les épitaphes retrouvées par Rossi et reproduites dans son livre « Rome souterraine » lui en fournirent de beaux types. Pour le texte latin, monsieur Régnier donna également des caractères de l'époque du pape Saint-Damas.

Enfin, pour la traduction française, on se servit des caractères de l'époque de la fondation de l'église, soit le milieu du 17ᵉ siècle. Au-dessus des bénitiers se trouvent quatre grandes inscriptions sur marbre blanc à lettres rouges. Trois sont à droite et la dernière est à gauche, c'est-à-dire à côté de la chapelle Sainte-Thérèse.

Elles sont liées au couronnement de la statue de la Sainte Vierge qui a eu lieu le 9 juillet 1853. Elles ont été composées par monsieur Lenormand, membre de l'Institut et ami du père Des Genettes. Elles sont écrites en latin, mais je vous donne la traduction en français.

Sur la première, le souverain Pontife Pie IX, reconnaissant de ce que, pendant les troubles qui désolèrent la ville de Rome et pendant le siège qu'elle eut à souffrir, les édifices furent conservés intacts et tous les sanctuaires respectés. Et de ce que lui-même, forcé par le malheur de s'exiler à Gaète, il goûta à la consolation et reçut la force et le courage, sans jamais avoir vu faiblir son espérance. De plus, rendant grâce des prodiges signalés opérés dans le sanctuaire de Notre-Dame-des-Victoires, par l'intercession de l'auguste Marie, approuva le dessein du vénérable chapitre de la basilique vaticane de gratifier de couronnes d'or l'image célèbre de Marie tenant dans ses bras le divin Enfant. Afin que le présent fût plus magnifique, il y apporta généreusement son offrande.

Sur la deuxième inscription, le pape Pie IX, ordonna que la cérémonie du couronnement de l'image de Notre-Dame des Victoires fût faite le jour de la visitation de la Sainte Vierge. Ce même jour en 1849, l'armée française, aidée de la protection de la douce mère avait délivré la ville de Rome et préparé la rentrée prochaine du souverain Pontife.

Sur la troisième inscription, le chapitre de la basilique du Vatican, dédiée à Saint-Pierre, prince des Apôtres.

En vertu d'un antique privilège accordé par les souverains Pontifes, touché des faveurs signalées, dont la Sainte Vierge récompense ceux qui l'invoquent dans ce temple. Le souverain Pontife fut ramené à Rome avec l'aide de l'armée française qui sauva la ville et le siège apostolique. Il a envoyé des couronnes d'or destinées à être placées solennellement sur l'image de la Vierge Marie, qui est honorée à Notre-Dame-des-Victoires.

Que tous ceux qui aiment Dieu et ont confiance en la protection de la bénigne mère, citoyens, soldats, prêtres, jeunes et vieux, hommes et femmes accourent, se réjouissent et soient dans l'allégresse et prient le Cœur très Saint et Immaculé de Marie. Daigne Dieu exaucer les vœux qu'ils feront pour le bonheur de la France, la liberté de l'Église et le salut des hommes.

Sur la quatrième inscription, salut respectable prélat, neveu du vénérable Barthélémy Pacca, prince cardinal de la sainte Église. Il fut tout dévoué à sa sainteté Pie VII dans l'exil et jusqu'à la mort. Il vous appartenait bien d'être chargé par Pie IX, naguère exilé, de remplir une si belle mission auprès de la Vierge libératrice. Vous qui avez puisé dans les exemples d'un tel oncle, la foi, le courage, la science et toutes les autres vertus propres au saint ministère.

Remontons la nef. Avant la restauration de 1863, les piliers étaient recouverts de marbre, donc des ex-voto. Aujourd'hui, on ne voit sur la façade extérieure des piliers de la nef, que des tableaux du chemin de croix. Le père Chevojon y a fait placer en 1874. Ces tableaux de petite dimension, renferment dans leur encadrement en cuivre doré, de belles peintures sur lave émaillée.

En remontant la nef et en levant les yeux, nous voyons écrit en haut de la corniche, les litanies de Lorette. Elles furent posées en

1873 avec 1300 cœurs. Le mot « litanie » vient du grec et signifie : « prière par laquelle nous implorons la miséricorde de Dieu et la protection des saints près de lui ». Elles contiennent donc deux prières, l'une à Dieu et l'autre aux saints.

L'usage des litanies étaient établis depuis longtemps avant saint Grégoire. On croit qu'elles ont commencé après que saint Jérôme eut traduit et disposé un abrégé du martyrologe d'Eusèbe.

Les Grecs dans les premiers siècles de l'Église, avaient leurs litanies. Et c'est d'eux que l'Église latine a pris le Kyrie Eleison. On ne connaît point d'auteur particulier qui ait composé les litanies. Elles se sont formées par additions différentes, selon les temps et selon les églises.

Il y a plusieurs sortes de litanie, les unes sont formées de prières par lesquelles on invoque plusieurs saints. Les autres ont été instituées pour honorer la Sainte Vierge et lui demander sa protection. Quoiqu'elles soient moins anciennes que celles des saints, les litanies de la Sainte Vierge n'en sont pas moins authentiques dans l'église. Elles furent en usage dans l'église Notre-Dame de Lorette où on les chante tous les samedis de l'année et le jour des fêtes de la Sainte Vierge. Elles sont composées des louanges de la Sainte Vierge, prises des plus belles figures de l'ancien testament et recueillies des saints Pères.

De Lorette, ces litanies se répandirent rapidement dans toutes les églises où elles furent universellement reçues.

Saint Bonaventure compose en 1265 les litanies de la Sainte Vierge, fort belles mais tout à fait différentes.

On trouve aussi des litanies de la Sainte Vierge dans des heures imprimées à Reims en 1569 et dans un livre de prières imprimé à Paris en 1589. Elles sont proches de celles de Lorette.

Dans l'histoire de Notre-Dame de Lorette, imprimée à Macerata en Italie, en 1596, il y a des litanies de la Sainte Vierge en tout semblables à celles que nous avons sous le nom de litanies de Lorette.

Il y a bien sûr d'autres litanies : litanies des grandeurs de la Sainte Vierge, litanies des vertus de la Sainte Vierge, litanies de Notre-Dame-Des-douleurs, litanies de Notre-Dame-des-Victoires, etc.

Les Augustins déchaussés récitaient les litanies tous les jours au chœur après les complies. Ils y ajoutaient deux nouvelles invocations : « Mater dolorosa » pour honorer la Vierge sous le titre des Sept Douleurs, patronne de leur congrégation ; et « protectrix augustinianorum ».

En 1732, un salut du Saint-Sacrement fut fondé tous les samedis de l'année, on supprima dès lors le chant des litanies de la Sainte Vierge.

Je reviens à la coursive intérieure. Avant 1871, au lieu des invocations empruntées aux litanies de la Sainte Vierge, on lisait également écrite avec des cœurs, une inscription qui chantait le mystère de l'Immaculée Conception, promulgué le 8 décembre 1854. Elle était écrite en latin, mais la voici en français : « La Sainte Vierge Marie, mère de notre Seigneur Jésus-Christ, fille bien-aimée du Père éternel, a été préservée dans sa conception de toute souillure originelle. Les anges se réjouissent que la terre tressaille d'allégresse. Cette vérité est un dogme de notre foi. Nous le croyons de tout notre cœur, nous le confessons de nos lèvres, alléluia ! Alléluia ! ».

Cette inscription avait été composée par le père Des Genettes en 1855. Il voulait qu'elle fût dans cette église privilégiée de Marie, comme un glorieux souvenir de la grande solennité du 8 décembre 1854.

Plus de 1 500 cœurs servirent à la tracer sur la corniche. Plusieurs de ces cœurs portaient des dédicaces gravées au burin. Au seul mot « credimus » à congrégation française de Bruges, sous le titre de l'Immaculée Conception.

Sur un autre « Salus infirmorum ora pro nobis » salut des infirmes, priez pour nous, 9 mars 1842.

Sur un autre, « La communauté des dames anglaises à Notre-Dame-des-Victoires », 1844.

Sur un autre : « Vous avez changé nos pleurs en joie et nos cris en chants d'allégresse ».

Sur un autre encore « Nous nous consacrons à Marie », 15 août 1842.

Pourquoi toutes ces inscriptions gravées ? Parce que les cœurs sont aussi des ex-voto, au même titre que les plaques de marbre.

Nous continuons d'avancer dans la nef pour arriver au chœur, lieu où les moines célébraient les offices et la messe.

Il a 16 mètres de longueur et 10,60 mètres de largeur. La voûte est en bois recouverte de plâtre, selon la coutume qui existait chez les ordres religieux mendiants.

Le maître-autel, placé entre la nef et le chœur était en quelque sorte le temple de la victoire en bois sculptée. La statue de la Sainte Vierge en bois sculpté avait cinq pieds, soit environ 1,65 mètre.

Marie tenait de sa main droite un sceptre de bois doré. Debout sur ses genoux, l'Enfant Jésus, environ 3 pieds de hauteur, soit 99 cm. L'enfant regardait sa mère qui lui souriait. Tous deux portaient une couronne d'or. La Vierge était assise sur des trophées. Sous les pieds de la statue, on voyait deux anges ailés, soutenant chacun d'une main une couronne de France dorée sous laquelle on plaçait le Saint-Sacrement.

Au-dessous, il y avait une façade en menuiserie marbré, au milieu de laquelle était la porte du tabernacle. Ce petit temple fut détruit en 1739, on ne conserva que l'autel sans retable.

Cet autel est resté debout jusqu'au 7 janvier 1796, à cette époque il fut enlevé de l'église, comme beaucoup d'autres objets.

L'autel actuel a été élevé en 1864, aux frais de l'Archiconfrérie et du Conseil de fabrique. Monseigneur Darboy, archevêque de Paris, l'a solennellement consacré le 8 décembre 1864.

Un bas-relief doré orne le devant de l'autel, il représente la déposition du corps de Jésus au tombeau. Le père Des Genettes l'avait reçu en 1848 de Monseigneur de Forbin-Janson, fondateur de l'œuvre de la Sainte-Enfance, devenue depuis l'enfance missionnaire.

Le tabernacle en cuivre ciselé se trouvait sur l'ancien autel.

La corniche située au-dessus du tableau du maître-autel, écrite avec des cœurs, porte l'invocation des litanies : « Regina siné lab concepta », reine conçue sans péché.

Avant 1871, on voyait sur cette corniche, cinq gros cœurs. C'étaient aussi des ex-voto offerts à Marie. Celui du milieu fut donné en 1843 par une association de militaires, placés sous le patronage de saint Maurice. Deux des quatre autres cœurs portent des inscriptions en latin rendant grâce à la Sainte Vierge, ils datent de1840.

Au sol, le chœur fut primitivement parqueté dans toute sa longueur. Il fut dallé de pierres blanches et de petits carreaux de marbre noir.

Tout autour du chœur, il y a une boiserie qui est magnifique et très ancienne, elle date de 1689.

Avant cette date, les sièges étaient d'une grande simplicité. Le menuisier Bardou confectionna de nouvelles stalles en bois de chêne. Les boiseries qui les surmontent se composent de panneaux et de moulures placés au milieu d'arcades et surmontés dans les cintres de cercles saillants, ornés de chaque côté de branches sculptées. Ces cercles sont remplis alternativement à l'intérieur. L'un d'un cœur enflammé percé de deux flèches accolées de deux palmes. Et l'autre d'une mitre et d'une crosse liée par un cordon. Tous ces panneaux richement sculptés montent entre deux pilastres d'ordre ionique jusqu'à une corniche enrichie de mordillons.

Le siège du prieur était au niveau de l'abside. Il est depuis 1864 caché derrière le maître-autel.

Auprès de l'ex-voto de la Pologne, se situe un jeu d'orgue qui servait lors des réunions de l'Archiconfrérie. Il occupe toute la première travée du chœur. Autrefois, cette travée était ouverte et donnait accès à une chapelle latérale. C'était là que le père Des Genettes faisait son Action de grâce après la messe. Il affectionnait beaucoup cette place parce qu'il pouvait de son prie-Dieu, contempler la statue et l'autel de la Sainte Vierge.

En face de ce jeu d'orgue se situe un deuxième jeu d'orgue qui est une simple ornementation destinée à dissimuler des armoires. Ces ouvrages ont été réalisés en 1857.

L'autel central

L'autel central que je vous invite à voir de plus près, est de facture récente, il a été installé en 1984. Il se trouvait au pied de la Sainte Vierge et fut déplacé à l'entrée du chœur quelques années plus tard.

L'autel est l'œuvre de la sculptrice Madeline Diener, qui fut choisie par le recteur de l'époque, le père Mollat du Jourdin, pour adapter le sanctuaire à la rénovation liturgique.

Madeline Diener explique le sens de cette œuvre : « Lorsqu'aujourd'hui, nous prions dans ce lieu, nous ne sommes pas isolés. Nous sommes reliés aux innombrables croyants, parfois en recherche de la pleine lumière, qui ont prié ici même. Avec eux et avec tous les saints, nous célébrons définitivement l'agneau victorieux de la mort.

Simultanément à cette étude du thème se poursuit celle de la forme. La basilique a une très belle unité de style. On ne pouvait y placer un élément qui lui aurait été totalement étranger. Je me suis mise à l'écoute de ce style, dans le lieu lui-même, mais aussi d'une manière plus large en étudiant les livres qui lui étaient consacrés. Peu à peu se fixa la forme octogonale qui semblait le mieux en harmonie avec l'architecture.

Après ces projets préparatoires, commença la dernière étape : sculpture en bas-relief des huit panneaux de bois sur lesquels seraient figurés les saints familiers de ce sanctuaire. Inclusion de ces panneaux dans le bâti de l'autel, et enfin dorure. L'or si profondément symbolique, convient à cette fête à laquelle chaque célébration nous associe déjà : les noces de l'agneau.

Que cette œuvre contribue à la louange et l'amour de Dieu. Tel est mon souhait. »

Le panneau central symbolise les noces de l'agneau, le triomphe de la vie sur la mort.

Au centre, on aperçoit l'agneau Pascal. De son cœur jaillit la vie, l'amour, la joie d'être sauvé, c'est la danse jubilatoire de tous les rachetés qui entourent l'agneau.

À l'opposé, se situe le panneau où est représenté l'Esprit Saint.

À chaque fois que le célébrant s'incline et s'agenouille pendant la célébration, il voit figurer l'Esprit Saint sous forme de Colombe. Ce n'est pas pour rien.

L'Esprit Saint est celui qui agit au cœur de l'eucharistie. La prière eucharistique numéro 3 nous dit : « Que l'Esprit Saint fasse de nous une éternelle offrande à ta gloire ».

Voilà une première raison d'avoir placé l'Esprit Saint sur l'autel. Si Marie est vénérée comme elle l'est, c'est qu'elle a su être pure transparence à l'Esprit Saint.

L'Esprit Saint a pu réaliser en elle de grandes choses : la venue du Christ, puisqu'il l'a couverte de son ombre. Marie est vénérée et vénérable comme lieu privilégié de l'action de l'Esprit Saint.

Le père Des Genettes et le père Libermann

Le premier panneau situé à votre gauche représente le père Des Genettes et le père Libermann.

Le père Charles Des Genettes, est nommé en 1832 curé de Notre-Dame-des-Victoires. Profondément découragé par le peu de paroissiens qui fréquentent son église, il envisage de demander sa mutation dans une autre paroisse. Et le 3 décembre 1836, célébrant la messe à l'autel de la Sainte Vierge, il entend une voix lui disant : « Consacre ta paroisse au Cœur Immaculé de Marie ». Ce qu'il fit le 11 décembre 1836. Son église devint dès lors un sanctuaire de piété universel pour toute la chrétienté. Près d'un quart de siècle, le père Des Genettes fut témoin de nombreuses conversions et guérisons.

Son association en l'honneur du Saint Cœur de Marie, appelée Archiconfrérie s'est développée dans le monde entier. Les prières des membres de l'Archiconfrérie pour les pécheurs et pour les malades se montrèrent et se montrent toujours efficaces.

Derrière le père Des Genettes, se situe le père François Libermann, juif converti au catholicisme. Il devint prêtre et fonda la société du Saint Cœur de Marie. Il avait choisi ce vocable parce qu'il aimait beaucoup l'Archiconfrérie. Cette société fusionna avec la société du Saint-Esprit. Et François Libermann en devint le supérieur général.

Anne-Marie Javouhey

Anne-Marie Javouhey, qui est la fondatrice des religieuses de Saint-Joseph de Cluny, venait prier à Notre-Dame-des-Victoires celle qui protège les missions.

À son retour de Guyane en 1843, elle habitait rue de Valois et utilisait pour ses nombreux déplacements, la diligence qui partait de la place des Victoires. Les sœurs prirent l'habitude de venir prier dans ce sanctuaire avant de partir en outre-mer.

Chaque année, en souvenir de l'affiliation de cet ordre à l'Archiconfrérie du Saint Cœur Immaculé de Marie en 1854, la congrégation vient en pèlerinage. Un ex-voto est au pied de l'autel de la Sainte Vierge.

Sainte-Thérèse de l'Enfant-Jésus

Notre-Dame-des-Victoires intervint deux fois dans la vie de sainte Thérèse, comme le rappellent les plaques situées sur les portes de l'accueil au fond de la basilique.

Le 13 mai 1883, Thérèse est guérie à la fin d'une neuvaine de messes demandée par son père Louis Martin, à Notre-Dame-des-Victoires.

Le 4 novembre 1887, Thérèse accompagnée de son père et de sa sœur Céline, fait une halte à Paris sur la route de Rome. Elle vient à Notre-Dame-des-Victoires remercier la Vierge Marie pour sa guérison. Elle le raconte dans les manuscrits autobiographiques appelés primitivement « Histoire d'une âme ».

Pour finir de parler de Thérèse, je vais peut-être casser une idée reçue, beaucoup de personnes pensent que Notre-Dame-des-Victoires a été élevée au rang de basilique en 1927 par le pape Pie XI grâce à Thérèse.

Notre-Dame-des-Victoires est en fait devenue basilique grâce à l'Archiconfrérie du très Saint Cœur et Immaculé de Marie fondée en 1836.

Hermann Cohen et Georges Desvallières

Le 20 janvier 1871, mourait à Berlin le père Auguste-Marie du très Saint-Sacrement, connu sous le nom de père Hermann. Notre-Dame-des-Victoires garde son souvenir bien vivant, puisque c'est à l'autel de la Vierge qu'ils fondent et inaugurent avec l'abbé de la Bouillerie, encouragés par le Père Des Genettes le 6 décembre 1848, l'adoration nocturne qui se maintient encore aujourd'hui. Elle a lieu une fois par mois, chaque premier samedi du mois.

Une plaque de marbre à gauche de l'autel de Saint-Augustin, rappelle l'événement dont les conséquences furent importantes pour l'Église universelle puisque c'est de cette adoration que se répandit peu à peu dans le monde entier l'adoration nocturne.

La conversion d'Hermann Cohen, jeune pianiste juif, élève du musicien Franz Liszt, fut célèbre en son temps. C'était un parfait mécréant et débauché. Mais il fut touché par la grâce au moment de la bénédiction du Saint-Sacrement dans une chapelle conventuelle, rue de Bourgogne à Paris.

Hermann Cohen écrira plus tard dans ses confessions : « Mois de Marie, mois de ma conversion… Marie, mère de Jésus, m'a révélé l'eucharistie ». Cet attrait pour la mère de Jésus, devait conduire le jeune converti à Notre-Dame-des-Victoires. Par la suite, il entrera dans l'ordre des Carmes.

Depuis quelques années, alors à côté d'Hermann Cohen, Georges Desvallières est un peintre qui s'est converti à Notre-Dame-des-Victoires et dont l'art sera mis au service de l'expression religieuse à partir de 1913, date de sa conversion. Frère d'armes de Maurice Denis durant la première guerre mondiale, ils fondent ensemble les ateliers d'art sacré.

Georges Desvallières disait : « Je voudrais faire comprendre aux jeunes artistes que la vie n'atteint toute sa passion, toute sa véhémence et toute sa tendresse que vue au travers des plaies de Notre Seigneur Jésus-Christ, et du Cœur de la Vierge percé de sept poignards ».

Hermann Cohen était musicien et Georges Desvallières était peintre, ce furent deux artistes. C'est pourquoi ils se retrouvèrent sur le même panneau.

Emmanuel d'Alzon - Saint Jean Bosco

Le père Emmanuel d'Alzon était vicaire général de Nîmes et prédicateur d'occasion à Notre-Dame-des-Victoires. Il fit ses vœux de religieux en 1845 dans cette église.

Et aux vœux de pauvreté, chasteté et obéissance, il ajouta ses deux autres vœux : « Celui de me dévouer à l'extension du règne de Jésus-Christ dans les âmes de mes frères qui nous seront confiés. Je fais le vœu de me consacrer à l'œuvre de la congrégation ».

La congrégation dont il parle est celle de tous les religieux dits de l'Assomption, on les appelle les assomptionnistes dont l'esprit se résume en ces quelques mots que le père d'Alzon plaça en tête du directoire : « L'amour de notre Seigneur de la Sainte Vierge, sa mère et de l'Église, son épouse ». Et il dira plus tard. : « Je n'aurais jamais cru autant aimer la Sainte Vierge ».

Le prêtre à côté c'est Don Bosco, il s'occupa des pauvres et en particulier des enfants délaissés. Il fonda à Turin en 1857, la société des prêtres Salésiens et la congrégation des sœurs de Marie Auxiliatrice. Il est le protecteur de toutes les œuvres de jeunesse.

Le 28 avril 1883, il vint à Notre-Dame-des-Victoires. Voici ce que les annales de l'époque nous en disent : « Nous avons été heureux de posséder Don Bosco dans notre sanctuaire dès son arrivée à Paris. Il professe pour Notre-Dame-des-Victoires une dévotion toute particulière. Don Bosco a voulu visiter notre sanctuaire avant tous les autres. Il a présidé notre réunion de l'Archiconfrérie le samedi 28 avril. Don Bosco nous a adressé la parole après l'Évangile. Il nous a dit sa joie de se trouver dans cette église de Notre-Dame-des-Victoires, connue du monde entier, au milieu de fidèles dévoués particulièrement à la Sainte Vierge. Il nous a dit sa pitié pour Marie. »

C'est durant cette messe que Don Bosco entendit la voix du jeune Louis Colle, décédé peu avant, lui dire, en parlant de Notre-Dame-des-Victoires : « C'est ici la maison des bénédictions et des grâces ».

Théodore et Alphonse Ratisbonne

Le dernier panneau est consacré à deux frères qui devinrent tous les deux prêtres : Théodore et Alphonse Ratisbonne.

De famille Israelite, les deux frères eurent des chemins différents. Jusqu'au jour où Marie les fit se rencontrer. Ils se convertiront au christianisme, Théodore en 1827 et Alphonse en 1842.

Théodore deviendra prêtre et vicaire à Notre-Dame-des-Victoires. Il sera sous-directeur de l'Archiconfrérie en 1840 à la demande du curé, le père Des Genettes.

« Mon unique ambition était de devenir un serviteur spécial de la Sainte Vierge », écrit-il.

Dans la chaire de cette église, il invite à prier pour la conversion des Juifs. Le 6 février 1842, il annonce que celui pour lequel il priait depuis des années venait d'accueillir la grâce, c'était son frère. Alphonse reçut la vision de la Vierge Marie le 30 janvier 1842 dans l'église Sant 'Andrea delle Fratte à Rome. Cet événement fut considéré comme un miracle et associé à la fête de la médaille miraculeuse le 27 novembre 1894.

Alphonse Ratisbonne fonde un catéchuménat pour les convertis d'origine juive. Ce sera la première pierre de l'ordre des religieuses de Sion. Il deviendra également prêtre dans la compagnie de Jésus et prendra pour prénom celui de Marie.

Lors de son baptême, il écrira au père Des Genettes : « Les lettres de ma famille me rendent toute la liberté. Cette liberté, je la consacre à Dieu et je la lui offre dès à présent avec ma vie entière pour servir l'Église et mes frères sous la protection de Marie ».

Le père Marie-Alphonse Ratisbonne sera le fondateur de la maison Ecce Homo à Jérusalem et également de la maison Notre-Dame de Sion à Ein Kerem.

Pour finir, je vous dirai tout simplement que l'autel doit être un lieu qui nous tourne ensemble vers le père.

L'autel n'est pas un monument, il est le rocher d'où jaillit l'eau vive, il est la table d'où vient le pain de la vie, il est la vie.

Les vitraux

Lorsque vous entrez dans la basilique, vos yeux sont peut-être attirés par le vitrail qui est au fond du chœur et qui représente le Christ sur la croix. Ce vitrail a une belle histoire que je vous raconterai tout à l'heure.

Je ne connais pas encore l'histoire précise de tous les vitraux, donc je vais vous parler uniquement de ce que je sais.

Lorsque nous remontons la nef, on voit de chaque côté des chapelles qui ont de simples verrières, ce ne sont pas des vitraux achevés. Elles sont destinées à faire passer la lumière.

Mais si vous levez les yeux, vous verrez cependant les saints qui sont patrons de ces chapelles.

Il y a cependant deux chapelles qui sont ornées de vitraux.

Vitrail Sainte-Thérèse de l'Enfant Jésus

À gauche, la chapelle Sainte-Thérèse, qui était autrefois la chapelle des fonds baptismaux.

Le vitrail fait mention de la visite de Thérèse à Notre-Dame-des-Victoires le 4 novembre 1887.

Saint-Louis, le papa est agenouillé devant la Sainte Vierge, entouré de ses filles Céline et Thérèse. Le vitrail date de 1931.

Vitrail de Saint-Pierre

À droite, le confessionnal qui était auparavant la chapelle Saint-Pierre. La statue de Saint-Pierre y occupait la place d'honneur. Il y a un beau vitrail.

Les armes de la papauté, la tiare avec les clés en sautoir, ornent ce vitrail.

Vitrail de la Sainte Vierge

Après avoir remonté la nef, nous arrivons au transept. Vous êtes peut-être spontanément attiré vers l'autel de la Sainte Vierge, appelé autrefois chapelle de l'Archiconfrérie. Vous contemplez la statue de Notre-Dame-des-Victoires, qui date du début du 19e siècle.

La statue de Marie mesure 1m85 avec les nuages sur lesquels elle repose et 2m90 avec le piédestal.

La statue de l'Enfant Jésus mesure 83 cm.

L'élévation de la niche où se trouve le groupe est de 3m55.

Au-dessus est écrit en latin : refuge des pécheurs.

Si vous continuez à lever la tête, et peut-être même à reculer pour mieux le voir, se trouve un vitrail qui résume la belle mission de l'Archiconfrérie fondée par l'abbé Des Genettes en 1836 : « Invoquer la Sainte Vierge pour la conversion des pécheurs ». Ce vitrail a été achevé en 1854, il a été offert à l'abbé Des Genettes par les membres de l'Archiconfrérie.

Une souscription avait été ouverte par l'abbé Herpin alors sous-directeur de l'Archiconfrérie, qui disait au sujet du vitrail : « Ce sera un monument destiné à perpétuer le souvenir de l'institution de l'Archiconfrérie ».

Au milieu du vitrail, la Sainte Vierge apparaît dans la lumière éblouissante. Au-dessus de sa tête, des groupes d'anges chantent ses louanges. Autour d'elle se tiennent les uns dans l'attitude du repentir, les autres, dans l'exaltation de leur âme, des pécheurs convertis. Parmi eux, on distingue un jeune homme prosterné auprès duquel on aperçoit une femme vénérable. Dont la tête est entourée de l'auréole des saints. C'est saint Augustin, encore pécheur que sa mère, sainte Monique présente à Marie.

À leurs pieds, une banderole porte ces mots : « Maria Refugium Peccatorum ». C'est le cri qui semble s'échapper de la bouche de tous ses heureux convertis. Dans un coin du vitrail, un ange couvert d'une armure d'airain perce d'une lance le démon qui voudrait mettre obstacle aux miséricordes de Marie envers les pécheurs. En bas du vitrail, un autre ange présente au père Des Genettes les statuts de l'Archiconfrérie.

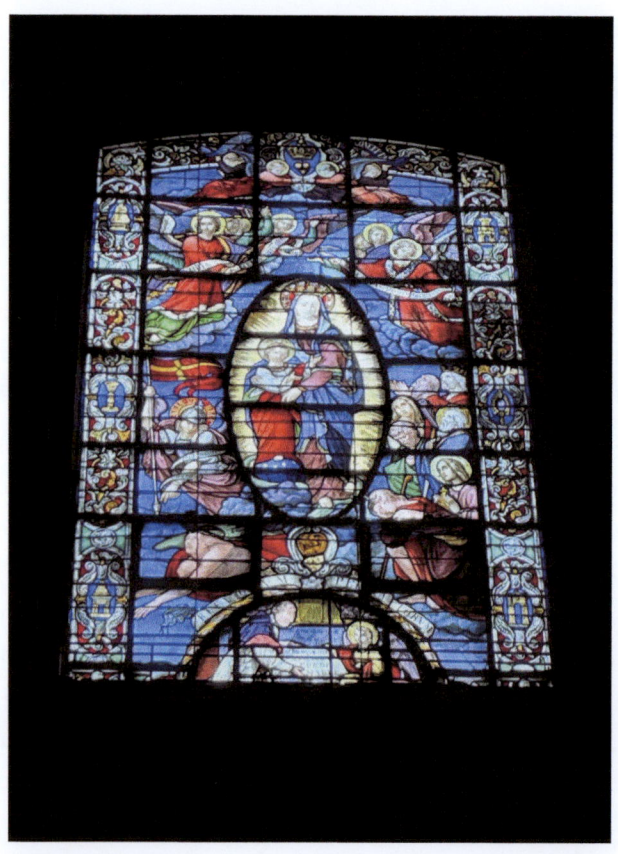

Faisant face à la chapelle de la Sainte Vierge, se trouve la chapelle Saint-Augustin.

Augustin était le saint patron des moines déchaussés de Saint-Augustin qui vivaient dans un couvent avant la révolution. Ce couvent avait donc son église qui était et qui est toujours Notre-Dame-des-Victoires.

Saint Augustin devint naturellement le deuxième patron de l'église après la Sainte Vierge. Le père Des Genettes avait une grande dévotion pour saint Augustin.

La statue de ce grand saint placée en face de la Sainte Vierge, représentait le pécheur cherchant pour revenir à Dieu, un abri auprès du refuge de tous les pécheurs.

Vitrail de la chapelle Saint-Augustin

Au-dessus de la statue de Saint-Augustin, vous pourrez contempler un très beau vitrail.

Ce vitrail est composé de 3 panneaux. L'un beaucoup plus grand, les deux autres de même dimension, partagent ce vitrail.

Le premier représente Louis XIII consacrant la France à Marie. La Vierge est sur une espèce de trône, dans une pose assez semblable à celle de la statue de Notre-Dame-des-Victoires. L'Enfant Jésus est auprès de sa mère, portée sur des nuages.

Le roi à genoux présente à Marie son spectre et sa couronne. Il est couvert du manteau fleurdelisé. À côté de lui, son royal ancêtre Saint-Louis sur les vêtements duquel les lys brillent aussi de toutes parts.

L'épouse de Louis XIII, Anne d'Autriche est à genoux, comme son mari. Elle contemple la Vierge et s'unit à l'acte solennel qu'accomplit son époux. Sa patronne, sainte Anne, est debout auprès d'elle.

Sur la draperie qui couvre le piédestal du trône où repose la Sainte Vierge, on aperçoit les armes de France et de Navarre.

Deux faits se rapportant à la naissance de Louis XIV sont représentés dans les deux autres panneaux du vitrail.

Sur celui de droite, un religieux en prière dans sa cellule voit apparaître la Sainte Vierge. Elle tient dans les bras, un petit enfant.

Ce religieux est le frère Fiacre qui appartient au couvent des moines déchaussées de Saint-Augustin. Il prie pour obtenir que la reine Anne d'Autriche devienne mère. L'enfant que Marie lui présente est le jeune dauphin, futur Louis XIV, qu'elle va donner à la France.

Sur le panneau de gauche, un personnage vêtu de rouge adresse la parole à une noble dame assise. C'est Anne d'Autriche et le cardinal de La Rochefoucauld, qui était son aumônier. L'éminence a tout récemment appris la nouvelle de l'apparition de la part du frère Fiacre. Elle y a félicité la Reine.

Ce beau vitrail ainsi que celui du maître-autel dont je vais vous parler a été offert par le duc de La Rochefoucauld et son héroïque épouse. Aussi, y voit-on comme dans le premier, au milieu des arabesques de la bordure, les armes de La Rochefoucauld et des Polignac.

Vitrail du chœur

Au-dessus de l'inscription « Régina sine labe », ce qui veut dire « reine conçue sans péché » dans la fenêtre de l'abside, nous pouvons admirer ce beau vitrail.

Un grand crucifix en forme le sujet principal. Des deux côtés de la croix, la Vierge Marie et saint Jean compatissent aux douleurs du Christ.

Auprès du disciple, une jeune femme est à genoux, dans l'attitude d'une fervente prière. Un manteau doublé d'hermine est jeté sur ses épaules. Une couronne d'or est à ses pieds. Ses yeux humides de larmes contemplent la Vierge qui lui montre du doigt le divin crucifié, tout en abaissant sur elle un regard mêlé de compassion et d'espérance.

Au-dessus du groupe, un ange, les ailes déployées, tient dans ses bras, un petit enfant. Autour de la peinture au milieu d'arabesques qui forment l'encadrement du vitrail, on distingue des blasons surmontés de couronnes et les lettres S et Y entrelacés. Ce qui signifie Sosthène et Yolande de La Rochefoucauld.

Une touchante histoire se rapporte à la composition de ce vitrail.

Un jour de l'hiver 1854, le père Des Genettes voit venir à lui et à la Sacristie la Duchesse de La Rochefoucauld.

Le père connaissait le couple et avait beaucoup d'affection pour lui. La Duchesse lui apprend que son mari est gravement malade. Et c'est pour implorer sa guérison qu'elle est venue à Notre-Dame-des-Victoires.

Elle désire commencer une neuvaine. Elle supplie monsieur le curé de s'unir à elle et de célébrer lui-même le Saint sacrifice à ses intentions durant la neuvaine. Le père Des Genettes, ému, s'engage à célébrer les neuf messes. Avant de partir, la jeune femme ajoute : « Monsieur le Curé, j'ai fait un vœu à Notre-Dame-des-Victoires, de lui donner 10 000 francs si elle m'accorde la guérison de mon mari ».

Le 7e jour de la neuvaine, elle arrive et dit au père : « Mon mari est de plus en plus malade. Il m'est venu à l'idée que Dieu demande de moi un sacrifice. Je suis résolue à m'offrir moi-même pour sauver mon mari.

Le soir du dernier jour de la neuvaine, le duc de la Rochefoucauld est sauvé et recouvre la santé.

Quelques jours plus tard, leur fils est atteint d'une terrible maladie. Malgré les soins de sa mère et de ses prières, l'enfant meurt. Peu de temps après, la maman est aussi emportée par cette terrible maladie.

Le duc de La Rochefoucauld respecte la volonté de son épouse. Il fait don de la somme de 10 000 francs pour l'édification de ce vitrail. Si vous le regardez, vous voyez une femme en pleurs au pied de la croix, c'est la duchesse. Et l'ange gardien de l'enfant qui l'emporte dans ses bras vers les demeures célestes.

Depuis longtemps, le père désirait orner d'un beau vitrail la fenêtre principale de son église. Les deux vitraux ont été réalisés par Claudius Lavergne, élève du peintre Ingres. Ce dernier fera également un beau portrait du père Des Genettes.

Dans le chœur, il y a aussi des vitraux qui relatent la vie de la Vierge Marie.

Les tableaux du chœur

Ces tableaux au nombre de sept, ont été réalisés par Carle Van Loo, mort à Paris en 1765. Cet artiste né à Nice en 1705, vint en France en 1729. Son talent fut bientôt connu.

Vers 1740, il fut nommé peintre du roi Louis XV et directeur de l'école de peinture.

Cette collection de tableaux, la plus importante de celles qui existent dans les églises de la capitale, autant par le talent de l'artiste qui l'a réalisé, que par le nombre et la dimension des toiles.

Quatre de ces tableaux ont environ 5,50 mètres de longueur sur 3,80 mètres de hauteur.

Deux autres ont la même hauteur et 3,20 mètres de large.

Le septième, celui du maître-autel, est à peu près carré, il a 4 mètres de hauteur.

Les tableaux portent le millésime de 1753, 54 et 55. Ils ont été exécutés d'après les ordres du roi Louis XV en Action de grâce des faveurs que ce roi et ses ancêtres avaient obtenu par l'intercession de Notre-Dame-des-Victoires.

En 1792, ils furent enlevés de l'église et portés dans les musées nationaux. Ils furent retrouvés et réunis en 1810.

Le tableau central lui, avait été transporté dans la cathédrale Saint-Louis de Versailles. Et à la réouverture de l'Église au culte, le curé de l'époque, le père Gravet voulu récupérer le tableau. Mais à Versailles on fit la sourde oreille.

Bien décidé à récupérer ce bien précieux. Monsieur le curé demanda audience à l'empereur Napoléon et lui exposa son problème. L'empereur le rassura : « Rentrez chez vous mon brave curé, je m'en occupe ! » Et le lendemain, le tableau réintégrait l'église.

Les tableaux furent mis à l'abri au printemps 1918 par l'administration des Beaux-Arts jusqu'à la fin de la guerre. Et ils ont repris leur place après avoir été rajeunis de deux siècles par un habile nettoyage.

Le tableau du maître-autel

Il représente Louis XIII, dédiant à la Sainte Vierge le plan de Notre-Dame-des-Victoires.

Il avait fait vœu s'il triomphait des protestants, de consacrer une église à la Vierge Marie. Victorieux au siège de La Rochelle en 1628, il avait reçu une requête des moines déchaussées de Saint-Augustin pour les soutenir dans la construction de leur chapelle. Il se déclara alors leur protecteur et le fondateur de la future église.

Elle porte le nom de Notre-Dame-des-Victoires. La première pierre est posée le 9 décembre 1629 par le roi Louis XIII.

Sur le tableau, la Vierge, en robe rouge et manteau bleu est représentée en haut de la toile, portée sur un nuage. Son bras gauche soutient l'Enfant Jésus debout sur ses genoux. De la main droite, elle présente une palme au roi Louis XIII prosterné à ses pieds, offrant donc le plan de l'église Notre-Dame-des-Victoires, qui lui dédie.

À gauche du roi, se tient le cardinal de Richelieu, son premier ministre, et à sa droite un des échevins de La Rochelle remet à Louis XIII les clés de la ville sur un plateau d'argent.

Derrière le roi des officiers de la Cour et à ses pieds au premier plan, est étendu un guerrier mort que couvre en partie un drap blanc fleurdelisé.

Dans le lointain, sous le nuage qui porte la Vierge, on aperçoit la ville de La Rochelle. Ce tableau d'inspiration plus humaine que religieuse exprime peut-être le souhait du peintre de fixer un beau sentiment de reconnaissance envers la Vierge Marie.

Tableaux relatifs à la vie de Saint-Augustin

Pourquoi Saint-Augustin ? Parce qu'il était le saint patron des moines déchaussées de Saint-Augustin. Il a évidemment ici dans la basilique, une chapelle qui lui est dédiée.

Le premier tableau qui se trouve à gauche de l'autel représente le baptême de saint Augustin.

Il raconte dans ses confessions qu'il reçut le baptême à l'âge de 32 ans avec Adéodat, son fils et son ami Alipe. C'était la veille de Pâques, le 28 avril 387.

Le saint est représenté revêtu de la robe blanche des catéchumènes. Il tient un cierge à la main et incline le front sur les fonts baptismaux.

Debout devant lui, l'archevêque de Milan, saint Ambroise verse l'eau sur sa tête. Son fils Adéodat est à ses côtés dans le même costume et la même attitude que son père. Derrière eux, on distingue sainte Monique, mère d'Augustin, Navigius son frère, Veruncundis son ami et des disciples. Tous l'avaient accompagné dans la retraite qui le préparait au baptême.

Le deuxième tableau qui est le premier à droite, représente Augustin prêche devant Valère, évêque d'Hippone.

Saint Augustin ayant été ordonné prêtre, l'évêque d'Hippone, situé en Algérie, l'attache à son église. La langue latine était alors en usage à Hippone, soumise à la domination romaine.

Valère, grec de naissance, parlait cette langue avec beaucoup de difficultés. Connaissant le talent oratoire d'Augustin, il se fit remplacer par lui dans le ministère de la parole. C'était la première fois dans l'Église d'Occident qu'un prêtre était chargé de prêcher devant un évêque. Augustin prononça son premier discours à l'occasion de la fête de Pâques de l'année 391.

L'évêque Valère à la tête de son clergé, est assis devant Augustin qui prêche du haut d'une tribune. Le vieil évêque écoute avec satisfaction et admiration le jeune prêtre. Au pied de la tribune, un scribe recueille les paroles d'Augustin. Dans le nombreux auditoire qui entourent Valère et Augustin, on distingue de beaux visages sur lesquels se lisent les impressions diverses que leur fait éprouver la parole de ce prédicateur tout nouveau pour eux.

Le troisième tableau (2e à gauche) représente Saint Augustin qui est sacré évêque. Valère très âgé, craignait qu'Augustin ne lui fût enlevé et qu'une autre église ne le demanda pour évêque.

Il résolut de le faire son coadjuteur dans l'épiscopat.

Il obtint le consentement d'Aurelius, évêque de Carthage, ainsi que l'approbation du peuple et celle des évêques de la province de Numidie.

Augustin voulut s'opposer à ce projet, mais il se plia à la volonté divine. Il fut sacré en décembre de l'an 395. Il était âgé de 42 ans.

Dans ce tableau, Van Loo a choisi le moment le plus solennel de la consécration épiscopale. Celui où les évêques assistants, ayant au milieu, le nouvel élu, viennent le présenter à l'évêque consécrateur. Ces mâles figures, celles surtout du vieux Valère, sont pleines d'expressions.

Le quatrième tableau (2e à droite) représente Augustin dans la conférence des évêques catholiques avec les évêques donatistes.

Donat, évêque de Carthage fut l'instigateur d'un schisme qui troubla l'Afrique pendant plus d'un siècle. Dans le but de mettre fin à un mal profond, l'empereur Honorius demanda qu'une conférence ait lieu entre les évêques catholiques et les évêques catholiques et donatistes. La conférence fut fixée pour l'année 411.

281 évêques catholiques et 279 évêques donatistes s'assemblèrent à Carthage. On choisit de part et d'autre sept évêques pour discuter les points que les donatistes refusaient d'admettre. Augustin fut élu le premier parmi les évêques catholiques.

La conférence s'ouvrit le 1er juin. Le comte Marcellin en qualité de tribun et de représentant de l'empereur, se prononça en faveur des catholiques. Ce succès fut en partie dû à Augustin. Il se distingua entre tous les autres évêques par la science et la sagesse de ses réponses, non moins que par son éloquence. Les évêques schismatiques ne purent réfuter ses arguments.

Le peintre assumait en relief le l'évêque d'Hippone qui eut dans cette conférence la part principale. Le saint expose avec noblesse son avis. Malgré le geste violent de son interlocuteur, on sent qu'il est vaincu par l'argumentation lumineuse d'Augustin.

Les personnages sont représentés debout car d'après le récit de la conférence, les évêques donatistes ayant refusé de s'asseoir, les évêques catholiques voulurent aussi rester debout. Et que Marcellin imitant leur exemple, fit enlever son siège.

Le cinquième tableau (3e à gauche), c'est la mort de Saint Augustin en 430. Il représente saint Augustin sur son lit de mort, guérissant un malade qui s'était fait porter auprès de lui.

Le calme et le recueillement du saint, sa main qu'il soulève péniblement pour bénir le malade qu'on lui présente, l'expression de confiance et de reconnaissance de ce dernier, la stupéfaction de ceux qui le portent, en font un tableau émouvant.

Au-dessus du lit où saint Augustin est couché, et tout autour de la chambre, on aperçoit des sentences écrites sur les murs. L'histoire de l'Église rapporte que saint Augustin étant tombé malade le troisième mois du siège d'Hippone par les vandales, ne pensa plus qu'à se disposer à la mort. Il fit écrire sur la muraille de sa chambre les sept psaumes de la pénitence pour les lire de son lit. Et il ne le lisait point sans verser des larmes.

Le sixième et dernier tableau qui est le 3e à droite, représente la translation des reliques de Saint-Augustin à Pavie en 722.

Saint Augustin fut inhumé à Hippone dans l'église Saint-Etienne. Dans le courant du 5e siècle, Trasimond, roi des Vandales, condamna à l'exil plusieurs évêques de Numidie. Ceux-ci se retirèrent en Sardaigne, emportant avec eux les reliques de Saint-Augustin.

Au 8e siècle, Liutprand roi des Lombards, ayant appris que les reliques étaient profanées par les barbares, les fit acheter pour une somme d'argent considérable.

Dès que Liutprand su que les reliques étaient arrivées à Pavie, il s'y rendit. Des seigneurs, des évêques, des prêtres et une grande foule l'accompagnait.

Après s'être agenouillé devant la châsse, il quitta toutes les marques de la royauté et suivit la tête découverte et les pieds nus, les reliques que les évêques portèrent sur leurs épaules jusqu'à la cathédrale de Pavie.

À côté de Liutprand, marchait une page qui tenait son sceptre et son diadème.

L'histoire de l'Église ajoute que durant la translation, plusieurs malades à qui on fit toucher les reliques furent guéris.

Le peintre n'a pas oublié ce détail. Dans le coin à gauche du tableau, on voit un infirme qui contemple avec espérance la châsse portée par les évêques et qui commence à ressentir les effets de ce saint voisinage.

Les ex-voto de Notre-Dame-des-Victoires

Ex voto : nom latin qui signifie « selon le vœu fait », merci, reconnaissance.

Quiconque pénètre dans le sanctuaire de Notre-Dame-des-Victoires est obligé de remarquer les innombrables ex-voto, depuis l'entrée jusqu'à la sacristie, dans les confessionnaux et les chapelles latérales.

À ce jour, on compte 37 224 ex-voto, le dernier date du 5 juillet 2021.

En 1836, le père Des Genettes consacre sa paroisse au Cœur Immaculé de Marie. Il fonde l'Archiconfrérie pour la conversion des pécheurs.

Des millions d'âmes sont venus et viennent encore prier Notre-Dame-des-Victoires.

Il y a également des pèlerins venant du monde entier pour recommander leurs intentions à la Sainte Vierge.

Des grâces sans nombre ont été demandées et beaucoup de ceux qui les ont obtenus viennent à Notre-Dame-des-Victoires et commandent un ex-voto qui perpétue leur reconnaissance en publiant la grâce qu'ils ont reçue.

Le format des plaques de marbre est très variable. Le texte gravé sur ces plaques va du simple « merci » à un long texte qui indique la grâce obtenue : santé recouvrée, examen réussi, situation améliorée ou sauvée, conversion, protection. Action de grâce pour la naissance d'un enfant, la guérison, le retour d'une expédition dangereuse et salut dans un naufrage ou une inondation. Parfois l'inscription est un cri de foi, une louange à la gloire de la Sainte Vierge pour exalter sa sainteté, sa miséricorde.

La plupart des ex-voto sont écrits en français, mais on en trouve un certain nombre écrit en latin, en anglais, allemand, italien, espagnol, portugais, hongrois, vietnamien, etc.

Beaucoup de ces marbres viennent de particuliers. Mais on en trouve qui sont offerts par des familles, des paroisses, des communautés religieuses, des villes, des associations et des unités militaires.

Certaines de ces plaques de marbre rappellent le souvenir de personnages illustres venus ou pas dans la basilique.

Un des plus anciens, concerne la conversion de l'Angleterre. C'était en 1837. Il y fait mémoire du révérend George Spencer converti au catholicisme et devenu religieux chez les passionnistes.

Un peu plus loin, un ex-voto a été mis en l'honneur de la visite de Saint-Jean Bosco en 1883.

Plus bas, un peu caché par les plateaux qui supportent l'illumination, un ex-voto qui vient des États-Unis et qui fait mémoire de Quentin Roosevelt, fils du président Théodore Roosevelt, tombé au champ d'honneur en France en 1918. Franklin Roosevelt Junior, participa au débarquement en 1944.

Au pied de l'autel, il y a un ex-voto de la congrégation de Cluny fondée par la Bienheureuse Anne-Marie Javouhey. Il date de 1854.

Toujours vers la statue de la Vierge, un ex-voto de monsieur Edmond Michelet, résistant et ministre du général De Gaulle.

Dans le chœur, l'ex-voto de la Pologne qui signifie douleur, piété, espoir. Il date de 1855.

Dans le cœur au centre du marbre, il y a de la terre de Pologne, du pain, de la monnaie, une croix militaire et des bijoux.

En face, il y a un ex-voto de la paroisse Saint-Laurent à Paris qui témoigne de sa gratitude envers Notre-Dame-des-victoires. Lors des événements de la Commune, l'église fut épargnée contrairement à Notre-Dame-des-Victoires.

Dans la chapelle Saint-Augustin, un ex-voto commémore la fondation de l'adoration nocturne le 6 décembre 1848 par Hermann Cohen, converti et devenu moine, et l'abbé de la Bouillerie.

En face, il y a celui de l'œuvre des écoles d'Orient parrainée par le cardinal Lavigerie.

Dans la chapelle de la Vierge, il y a des ex-voto des villes de Metz et Strasbourg qui datent de1871.

Un peu plus loin dans la nef, on trouve un ex-voto lié à la libération de Paris le 25 août 1944. Les magasins du Louvre qui n'existent plus maintenant, ont remercié par un ex-voto la protection de Notre-Dame-des-Victoires lors de bombardements en 1943.

Un autre ex-voto rappelle la mémoire d'aviateurs Anglais tués lors de ces bombardements.

À l'entrée du chœur, se trouve un ex-voto qui rappelle la visite de sainte Thérèse le 4 novembre 1887.

"IL FALLAIT UN MIRACLE
ET CE FUT NOTRE-DAME DES VICTOIRES
QUI LE FIT"

**1887 - 2012
125ème ANNIVERSAIRE**

LE 4 NOVEMBRE 1887
SAINTE THÉRÈSE DE LISIEUX
ÂGÉE DE 14 ANS
VINT S'AGENOUILLER
À L'AUTEL DE
NOTRE-DAME DES VICTOIRES
POUR LUI CONFIER SON AVENIR
ET LA REMERCIER
DE SA GUÉRISON
OBTENUE LE 13 MAI 1883
AU TERME D'UNE NEUVAINE.

**EX-VOTO
THANK OFFERING
FROM THREE ENGLISH CONVERTS**

A. R.   I. A.   I. G.
4 MAY   1 JUNE   2 JULY
1864

À l'entrée de la basilique, un immense ex-voto rappelle le tricentenaire du Vœu de Louis XIII consacrant la France à la Vierge Marie en 1638. Il est signé François-Xavier de Bourbon-Parme, descendant du roi.

Les ex-voto peuvent être classés en différentes catégories.

Les ex-voto de guérison

Je vous lis certains textes : « Mourante à Notre-Dame-des-Victoires le 4 août 1866, j'ai été subitement guérie en recevant la communion ».

Février 1862 : « Témoignage de reconnaissance à la Sainte Vierge pour la vue recouvrée ».

« Gloire, honneur et reconnaissance à Notre-Dame-des-Victoires qui a guéri mon enfant ».

« À Marie, gloire et reconnaissance : elle m'a obtenu la guérison désespérée de mon frère ».

1845 : « J'étais aveugle, tout espoir de guérison semblait m'être enlevé. J'ai recouvré subitement la vue en recevant la sainte communion à la suite d'une neuvaine en l'honneur de Notre-Dame-des-Victoires ». C'était un séminariste du diocèse de Versailles.

Mai 1864, dernier jour d'une neuvaine : « Je suis entré paralysée à Notre-Dame-des-Victoires. J'y ai été instantanément guérie après la sainte communion. Quelle est bonne Marie. »

Les ex-voto de protection

« Reconnaissance à Marie, étoile de la mer. Sauvé d'un naufrage ». Noël 1856

« J'ai invoqué Marie et j'ai été exaucé ». Guerre du Mexique.

« Reconnaissance à Notre-Dame-des-Victoires et à Saint-Joseph. Vous avez protégé notre fils dans sa longue et périlleuse exploration du Mékong ». Années 1860, 67 et 68.

« Ô Marie, ô Joseph, inspirez-le, protégez-le toujours. »

« Gloire et reconnaissance à Notre-Dame-des-Victoires, qui a gardé nos enfants à Castelfidardo et à Ancône », c'était en 1860.

« Merci ô ma bonne mère ! Je devais être tué par le coup de feu que j'ai reçu. Vous seule, par votre protection maternelle, m'avez sauvé ». Le 6 juin 1888.

« Reconnaissance à Notre-Dame-des-Victoires pour la libération », 1942.

Les ex-voto de conversion

« Le 8 décembre 1864, après 20 ans de prières, le dernier jour de la neuvaine, j'ai obtenu la conversion de mon père ».

« Mon père allait mourir en blasphémant. Mais j'ai imploré Marie. Il mourut en bénissant ». 1861

« Pour une conversion inespérée, j'ai invoqué Marie et j'ai été exaucée ».

« Converti par l'intercession de la Sainte Vierge le 25 janvier 1863 pour la fête de la conversion de Saint-Paul et de l'Archiconfrérie dont les membres ont beaucoup prié pour moi. Je rends grâce à Dieu et demande repentir et miséricorde ».

On pourrait ainsi lire des centaines de grâces qui ont été apposées avec des plaques.

À la mort de l'abbé Des Genettes en 1860, il y avait 1750 ex-voto. 7500 en 1874, 10 000 en 1880, 22300 en 1914 et à ce jour, comme je vous l'ai dit, 37 224.

Je rajouterai un dernier ex-voto qui concerne l'histoire de Notre-Dame-des-Victoires.

Celle-ci fut pillée durant la Commune les 17, 18 et 19 mai 1871. La statue fut miraculeusement sauvée par le courage d'un homme, monsieur Jacques Libman.

Il fit placer un ex-voto en 1903 où il est écrit « Reconnaissance à Marie qui me permit de sauver sa vénérée statue à Notre-Dame-des-Victoires le 17 mai 1871 ».

Il y a également des ex-voto adressés à Saint-Joseph et à Sainte-Thérèse.

En dehors des plaques de marbre, il y a également les cœurs, plus de 16 000 à la fin du 19e siècle.

Les litanies de Lorette, posées en 1873 tout au long de la corniche sont faites avec des cœurs. Il y a également des médailles dans les vitrines. Certaines sont aux archives. Et il y a aussi des décorations militaires, des bijoux.

Les lampes placées devant l'autel de la Sainte Vierge, sont des Actions de grâce.

La plus imposante est un ex-voto de 1859, de l'impératrice Eugénie, épouse de Napoléon III. Son prénom est gravé dessus.

Les tables de bronze supportant les lumignons sont la reconnaissance de la maison royale d'Espagne.

Les tableaux de Van Loo situés au fond du chœur sont des ex-voto, c'était la reconnaissance du roi Louis XV à Notre-Dame-des-Victoires pour ces prédécesseurs qui avait obtenu beaucoup de grâces.

Le vitrail qui est au-dessus du maître-autel, est aussi un ex-voto.

Je parle de sa touchante histoire dans le chapitre dédié aux vitraux.

Pour terminer, je veux évoquer les registres des militaires confiés à Notre-Dame-des-Victoires de 1939 à 1945. Ce ne sont pas à proprement parlé des ex-voto, mais ce sont des militaires qui ont demandé la protection de la Vierge Marie durant la Seconde Guerre mondiale. Il y a 23500 inscrits. Il y a beaucoup d'anonymes et quelques personnages connus comme les généraux De Gaulle, Catroux, Weygand, Giraud, De Lattre de Tassigny, Georges, le maréchal Pétain. Le lieutenant Massu futur général, le colonel d'Argenlieu, le capitaine de Boissieu, qui sera le gendre du général De Gaulle.

Les écrivains, Gilbert Cesbron, Antoine de Saint-Exupéry.

Et parmi les prêtres, le père Bruckberger, dominicain, l'abbé Marty, futur archevêque de Paris. L'abbé Roothain à l'origine du secours catholique et l'abbé Rouby, futur recteur de Notre-Dame-des-Victoires.

En lien avec les militaires, il y a un ex-voto de reconnaissance par le bureau d'opérations aériennes. Les FFI de la région parisienne, le 11 novembre 1944.

Et sous la houlette du colonel Rémy, un des chefs de la résistance, beaucoup d'hommes sont venus dans ce sanctuaire pendant et bien après la guerre, se confier à Notre-Dame-des-Victoires et lui dire « merci ».

L'ex-voto de la Pologne

Entre les nombreux ex-voto qui couvrent les murs de Notre-Dame-des-Victoires, il en est un qui attire plus particulièrement les regards par sa grandeur et ses ornements. Il est placé sur le premier pilastre du chœur à gauche, face à l'autel de la Sainte Vierge.

Sur une large table de marbre blanc rehaussé d'un encadrement de marbre Syrien, est gravé en gros caractères rouge l'inscription suivante que je vous traduis en Français : « À la Vierge, mère de Dieu, reine de Pologne, plein de joie que son immaculée conception ait été déclarée, prononcée, définie par notre Saint-Père, le pape Pie IX le 8 décembre 1854 et mettant en son Cœur toutes leurs espérances, les Polonais ont élevé ce monument ».

Un cœur percé de glaives couronne cette inscription, et au-dessus se trouvent les armes de la Pologne.

Tout à fait au bas de la table, on lit ces mots : « Les uns mettent leur confiance dans leurs chariots rapides, les autres dans leurs coursiers ! La nôtre est dans le nom de Marie que nous avons invoqué ».

L'origine de cet ex-voto remonte au dernier jour de l'année 1855. Avec cette année, se terminait la 25e année de l'exil pour la Pologne.

La Pologne est un pays qui a énormément souffert au cours des siècles.

1831 : Édit de la proscription

1854 : Proclamation du dogme de l'Immaculée Conception

Les Polonais désireux de célébrer ensemble l'anniversaire de la proclamation du dogme de l'Immaculée Conception, et au moment de voir s'achever le premier cycle jubilaire de leur infortune, réclamaient la protection de la reine du ciel pour eux et leur pays, choisirent naturellement le sanctuaire de Notre-Dame-des-Victoires.

Le 13 décembre 1855 à 11h00, les Polonais très nombreux entouraient l'autel de la Sainte Vierge. La veille, la grande table de marbre avait été scellée dans la muraille. Seul le Cœur n'était pas encore placé. Les pèlerins l'apportaient avec eux comme témoignage de leur consécration à la Sainte Vierge.

Sur ce cœur est gravé l'image de Notre-Dame de Czestochowa, qui est chère à la piété des Polonais, dont le plus célèbre est le pape Jean-Paul II.

Il est percé de glaives pour signifier que ceux qui l'offrent sont dans la douleur, comme la Vierge au calvaire. Dans ses replis se trouvent cachés des offrandes comme de la terre de Pologne, de cette terre dont des papes ont dit : « Il suffisait de la presser dans la main pour en faire jaillir le sang des martyrs ».

Il y a également un peu de pain qui manque à ses enfants exilés, quelques pièces de monnaie frappées en 1831, des bijoux de femmes polonaises et une croix de vertu militaire qui appartenait à un jeune militaire polonais, défenseur de son pays.

À la tête de la députation polonaise, il y avait 2 prêtres. L'un d'eux, le père Alexandre Jelowicki, proclama du haut de la chaire un émouvant discours, chargé de douleur pour son pays : « Nos têtes sont couvertes de la cendre de nos portes, temples renversés de nos campagnes ravagées, de nos cités brûlées, mais Notre-Dame-des-Victoires lui redonne le courage. Nous sommes forts de cette confiance et de cette espérance qu'éveillent en nous la puissance et la bonté de Marie, notre mère et notre reine. Nation découronnée mais non découragée, nous nous rangeons autour de Marie, bien assurés qu'un peuple qui lui appartient peut être humilié, éprouvé, châtié même, mais ne peut jamais périr tant qu'il lui reste fidèle ».

L'abbé Des Genettes, qui était le curé de l'époque, répondit à ce discours par des paroles pleines de sympathie pour la Pologne. « Mes frères, je présenterai à Marie notre mère, que vous avez nommé votre reine, le gage précieux de votre fidélité et de votre amour. Ce cœur que vous lui offrez pour mériter sa protection et son secours dans vos malheurs, je ne cesserai de vous recommander aux prières de l'Archiconfrérie. Toutes les fois que mes yeux se porteront sur le cœur de douleur que vous avez offert à Marie, il me rappellera qu'au milieu de nous, il y a une nombreuse famille d'enfants de Dieu, exilés, malheureux, souffrants. Et mon cœur suppliant s'élèvera vers votre reine pour implorer les grâces dont vous avez tant besoin dans vos dures épreuves ».

Puis il termina son discours par cette phrase tirée de l'Évangile : « Bienheureux ceux qui souffrent persécution pour la justice. Le Royaume des cieux leur appartient ».

Après ces paroles, l'abbé Des Genettes bénit le cœur que venait offrir la Pologne à Notre-Dame-des-Victoires. Celui-ci fut fixé sur la grande plaque de marbre et en alluma une petite lampe gothique qui brûla très longtemps.

Frère Fiacre

Je vais vous parler d'un religieux qui tient une place très importante dans l'histoire de Notre-Dame-des-Victoires. Il s'appelait frère Fiacre.

Frère de son nom de baptême, s'appelait Denis Antheaume. Il naquit le 21 février 1609 à Marly-la-Ville. Ses parents, François et Suzanne, étaient de pauvres journaliers qui travaillaient et priaient ensemble.

Dès son plus jeune âge, Denis montrait une grande piété.

À 12 ans, il lisait avec avidité les livres d'Église, surtout la vie des saints.

La rencontre avec deux pères de l'ordre de Saint-François que ses parents avaient accueilli, lui inspira un désir ardent de vie religieuse.

À l'âge de 15 ans, Denis entra comme apprenti chez un potier d'étain au faubourg Montmartre, juste à côté. Il menait une vie simple dans le travail et la prière. Il assistait chaque jour à la messe après un long temps de prière et passait ses jours de repos à fréquenter les monastères. Mais celui qui avait sa préférence était celui des Augustins déchaussés, voisins de la maison du potier. De vrais liens d'amitié s'établirent entre les moines et le jeune homme qui passait avec eux tous ses dimanches. Il se sentit appelé à entrer dans ce couvent.

Après avoir demandé et reçu l'approbation de ses parents, le jeune homme alla trouver le prieur, qui le reçut plutôt fraîchement.

Mais sans se décourager, il revint à la charge deux fois. Denis postula durant 20 mois, toujours sollicitant, mais repoussé.

La veille du jour où il devait tenter une dernière démarche auprès du prieur, il vint se jeter au pied de la statue de Notre-Dame de Montaigu, dans la chapelle du couvent. Il lui dit qu'il l'avait choisie comme protectrice et qu'elle devait lui venir en aide. « Ma bonne mère, tout peut encore être réparé, j'irai voir pour la dernière fois le père Anselme, je vous conjure de manifester votre maternelle intervention en la rendant propice à ma demande ».

Le lendemain, Denis fut reçu avec chaleur par le père Anselme, qui lui dit : « Mon fils, il est temps de mettre un terme à la rude épreuve qui vous a été imposée. Je vous admets avec bonheur dans notre couvent en qualité de frère commis ». Et le 19 mai 1631, Denis recevait l'habit religieux de l'ordre des Augustins déchaussés et prenait parmi les religieux sous le nom de frère Fiacre de Sainte-Marguerite.

Son état de frère lai l'obligeait au travail manuel, on le voyait bêcher au jardin, servir à la cuisine et balayer les couloirs. Il s'appliquait sans cesse à faire les choses les plus ordinaires avec amour, persuadé que la sainteté ne consiste pas à faire des choses extraordinaires mais bien à accomplir les petites choses du quotidien, dans l'humilité et l'amour.

Deux mois après sa prise d'habits, le frère tomba malade. Il subit sa maladie avec douceur et patience. Les religieux étaient très pauvres, la plupart d'entre eux tombèrent malades. Informée de cette situation, la reine Anne d'Autriche avait ordonné que l'on procurât à ses frais aux malades, tout ce que les médecins prescriraient pour les remèdes, mais aussi pour la nourriture.

Lorsque le frère Fiacre apprit la générosité de la reine, il lui voua un respectueux et sincère attachement.

Le 20 mai 1632, le jeune religieux prononça ses vœux non pas à Paris, mais à Argenteuil, car les religieux étaient en plein transfert pour le nouveau couvent de Notre-Dame-des-Victoires, dont les travaux avaient commencé en 1630.

Notre cher moine était respecté et admiré par ses confrères pour son exactitude à se rendre à tous les exercices de la communauté. Son amour pour le travail, son obéissance à toute épreuve, son esprit de charité, son dévouement envers ses supérieurs et ses frères, le faisait citer en toutes circonstances comme un modèle. Mais ce fut surtout son recueillement et son esprit que l'on admirait. De là, vint la confiance que l'on commença à avoir dans ses prières. Cette confiance devait grandir chaque jour et franchir les murs de son couvent. Bientôt des personnages de haut rang, des princes, des rois, s'adressèrent à lui pour porter leurs prières devant Dieu.

La première année de sa profession, le frère fut envoyé à Lyon où il fit des prodiges tels qu'accueillant deux moines pour le dîner, il leur expliqua que le buffet était vide. Mais après un temps de prière, retournant au buffet, il vit 2 poissons qu'il s'empressa de servir aux deux moines éberlués.

Il revint au couvent de Notre-Dame-des-Victoires à Paris, où il retrouva avec joie la statue de Notre-Dame de Montaigu. Mais il eut aussi un regard filial pour le tableau de Notre-Dame-des-Victoires qui était installé. Il avait compris la dévotion profonde, persuadé que la Sainte Vierge lui manifestait par la volonté de ses supérieurs et du roi, l'intention qu'elle avait d'être honorée dans le sanctuaire de son couvent sous ce titre glorieux.

Peu de temps après son retour à Paris, frère Fiacre fut choisi pour remplir la fonction de quêteur. Les religieux Augustins appartenaient à un ordre mendiant et à ce titre, ils devaient recevoir de la charité publique toutes les choses dont ils avaient besoin pour vivre. Il remplit sa fonction avec humilité et amour, circulant dans les rues, les yeux baissés, le chapelet à la main et l'esprit au ciel. Il aimait à répéter cette maxime inspirée de saint Augustin : « Pour trouver tout facile, il suffit d'aimer ».

Il aimait parler de la Sainte Vierge et avait un amour particulier pour les pauvres. Dans les riches environnés de leurs équipages, disait-il de leurs biens et de leur éclat : « Je ne discerne pas l'humble Jésus, mais je le reconnais dans la personne des pauvres, à travers leur visage défiguré, leurs haillons et tous leurs dehors méprisables ».

Le frère était également sensible à la douleur de la reine de ne pas avoir d'enfant après presque 20 ans de mariage. Il priait avec ferveur, prosterné au pied du maître-autel invoquant Notre-Dame de Montaigu et Notre-Dame des Victoires.

Un jour de l'automne 1635, il eut l'inspiration d'aller dire à la reine de faire trois neuvaines à Notre-Dame-de-Grâce en Provence, à Notre-Dame-de-Paris et à Notre-Dame-des-Victoires. Ainsi, elle obtiendrait la grâce tant espérée.

Frère Fiacre fit également connaître à ses supérieurs ses désirs, mais ceux-ci lui demandèrent d'attendre et de ne rien précipiter. Au bout de deux ans, soit en 1637, il s'en ouvrit à nouveau à ses supérieurs. Ceux-ci craignant une démarche imprudente, voire ridicule aux gens du monde, lui demandèrent de renoncer. Mais il devait demander à la Sainte Vierge un témoignage positif de la volonté de Dieu. Il s'agit de volonté, elle ne devait pas tarder à arriver.

Il y avait un tableau dans l'église provisoire devant laquelle le frère Fiacre venait prier. On y voyait la Sainte Vierge portant Jésus dans ses bras. L'Enfant portait une palme à la main. Marie était environnée d'anges qui avaient tous des palmes, des couronnes de lauriers et de fleurs. Elle-même tenait à la main une couronne de lauriers qu'elle tendait au roi Louis XIII. Celui-ci était représenté couronné. En face du roi, Saint-Augustin était représenté en habit d'Augustin déchaussé. Notre bon frère eut plusieurs visions devant ce tableau.

Durant son noviciat, frère Fiacre était tombé malade, il apprit que c'était la reine qui payait les médicaments pour les religieux Augustins malades. En reconnaissance, il résolu de faire des prières pour obtenir de Dieu par l'intercession de la Sainte Vierge, la naissance d'un dauphin.

Le 3 novembre 1637, frère Fiacre étant sorti de mâtine, il se mit en prières. Il entendit crier un petit enfant, surpris, il tourna la tête du côté d'où partaient les cris, et il aperçut la Sainte Vierge environnée d'une lumière éclatante, portant un enfant dans ses bras. Marie était vêtue d'une robe bleue semée d'étoiles. Ses cheveux flottaient sur ses épaules. Elle lui dit : « Mon enfant, n'aie pas peur, je suis la mère de Dieu ».

Le frère se prosterna à terre pour adorer l'enfant qu'elle tenait dans ses bras, pensant que c'était l'Enfant Jésus. Mais la Sainte Vierge ajouta : « Ce n'est pas mon fils, c'est l'enfant que Dieu veut donner à la France.

La vision se répètera trois fois durant la nuit. Chaque apparition durait un quart d'heure. La troisième apparition montra en plus de la Sainte Vierge, l'Enfant Jésus qui brillait de gloire avec les plaies de ses mains, de ses pieds et de son côté.

Elle apparut une quatrième fois disant : « Ne doutez pas mon enfant de ce que vous avez déclaré à votre confesseur. Je veux qu'on avertisse la reine de faire trois neuvaines en mon honneur ». Durant cette apparition, la Sainte Vierge lui montra le tableau et l'église de Notre-Dame-de-Grâces en Provence à Cotignac.

Cette apparition circonstanciée permit à son confesseur et au prieur de prendre des renseignements et des informations auprès des religieux qui avaient été en pèlerinage à Notre-Dame-de-Grâces. La description du frère était exacte quant au tableau et à la description de l'église. Notre moine mit au courant ses supérieurs, mais ils ne voulurent pas se charger de parler à la reine. Le frère savait qu'il fallait que la reine fût informée.

Il se confia à un ami, le père Bernard. Celui-ci, après un examen sérieux, jugea à propos d'avertir le cardinal de La Rochefoucauld, grand aumônier de la reine. Celui-ci envoya chercher le père Bernard et le frère Fiacre et son confesseur.

Le frère raconta ce qu'il avait vu et entendu. Le cardinal lui ordonna de garder le silence et de prier Dieu afin de connaître sa volonté. Le frère contrarié du retard apporté au désir de la Sainte Vierge, commença les neuvaines le 9 novembre 1637.

Le père Bernard prenant son courage à deux mains, se rendit au Louvre une fois les trois neuvaines achevées, et raconta à la reine la révélation qu'avait eue le frère Fiacre.

La reine l'écouta tranquillement et lui répondit : « Ces merveilles que vous m'annoncez sont les plus aimables. Mais je veux bien que vous sachiez que je suis tellement soumise au bon plaisir de mon Dieu que si j'avais à choisir ou la jouissance ou la privation de ce que vous m'annoncez, j'aimerais mieux être privée d'un si grand bien s'il n'était conforme à la volonté divine que de le posséder autrement. Je crois ces bonnes nouvelles mon père, puisque vous le croyez et je vous avoue que si vous n'êtes pas le premier qui m'en faites l'ouverture, vous êtes bien le premier qui me le persuadez ».

Le lendemain, le roi fit mander le frère Fiacre. Et après l'avoir entendu, il lui ordonna de se préparer à aller à Notre-Dame-de-Grâces à Cotignac. Un ordre royal fut expédié de Saint-Germain-en-Laye le 7 février 1638. En même temps la reine se rendit à Chartres pour y invoquer Notre-Dame-de-Sous-Terre sur les conseils du père Bernard et du frère Fiacre.

Le 10 février 1638, soit le jour de la proclamation solennelle de la consécration de la France à la Sainte Vierge par le roi, le frère Fiacre et le père Chrysostome se mirent en route. Ils firent le voyage à pied, avec tout équipage, bâton, bréviaire, et chapelet. Tout au long de la route ils chantaient des psaumes et des hymnes. Ce ne fut que vers les fêtes de Pâques que les deux voyageurs arrivèrent à destination.

Ils reçurent un accueil très chaleureux des pères de l'oratoire. Dans la chapelle, le frère regarda le tableau situé au-dessus du maître-autel et fut très triste car ce n'était pas le tableau que la Sainte Vierge lui avait montré. Le frère sacristain s'en aperçut et lui demanda la cause de ses larmes.

Le frère lui fit cet aveu : « Quand la Sainte Vierge m'apparut, elle me montra cette église et le tableau du grand autel. Ce n'est pas celui que je remarquais ». Le frère sacristain, le rassura et lui dit que le tableau qu'il voyait avait été installé 15 jours auparavant et que l'ancien se trouvait à la sacristie. Le frère Fiacre constata que c'était bien le tableau que la Sainte Vierge lui avait montré.

Le lendemain, les deux religieux commençaient la neuvaine puis ils reprirent la route et furent de retour à Paris à la fin du mois de juin, soit deux mois avant la naissance du dauphin qui naquit le 5 septembre 1638 à Saint-Germain-en-Laye.

Ce fait, quelque peu extraordinaire fut attesté par les journaux La Gazette et le Mercure de France.

Louis XIV se rendra à Notre-Dame-de-Grâces le 21 février 1660.

Frère Fiacre avait largement payé de sa personne pour l'achèvement du couvent et de la chapelle. Il fit des démarches à la cour et auprès des entrepreneurs, des architectes. Il quêta pour l'église, demandant aux riches, les suppliants de ne pas tolérer que la reine du ciel fût moins bien logée qu'eux.

Il présenta un placet à Louis XIII en 1642 et obtint premier secours de 18 000 livres. Il continua jusqu'à sa mort son rôle de solliciteur de Notre-Dame-des-Victoires auprès des souverains.

En 1672, il adressa une supplique à Louis XIV pour avoir de l'aide en faveur de Notre-Dame-des-Victoires.

En 1642, notre brave religieux Désiré se rendit en Afrique rejoindre le père Archange supérieur de la mission d'Afrique. Mais n'ayant pas l'appui de ses supérieurs, il se rendit en pèlerinage à Montmartre dans le but de connaître, par l'entremise de la Sainte Vierge, la volonté de Dieu.

On a retrouvé dans ses papiers cette prière qu'il adressa à Marie : « Sainte Vierge, vous savez le sujet de mon pèlerinage. Faites-moi connaître la volonté de Dieu. Dois-je aller en Afrique cultiver la foi au pays au péril de ma vie ? Mes petits services sont-ils agréables à votre divin fils ? »

Il passa toute la journée dans le sanctuaire de Marie. Il y répéta bien des fois la même prière. Dans le récit de ses mémoires, on lit : « Dieu me gratifia d'une réponse et me dit intérieurement qu'il n'était pas à propos que je fis ce voyage, que je ne ferai pas grand fruit dans ce pays, ne sachant ni les langues ni le latin et n'ayant aucun talent. Et que je demeurasse dans les postes où mes supérieurs m'avaient mis. » À partir de ce moment, il ne songea plus de se rendre en Afrique.

En 1643, le roi Louis XIII meurt, sa femme la reine Anne d'Autriche, devint alors régente du royaume, puisque le jeune Louis XIV n'avait que 5 ans.

En 1644, la reine commença sa régence par un acte de piété se prosternant devant l'image de la Sainte Vierge et lui offrant son fils. Elle fit ensuite mander le frère Fiacre et lui dit : « Mon frère, je n'ai pas perdu de vue la grâce signalée que vous m'avez obtenue de la Vierge qui m'a donné un fils. J'ai fait faire un grand tableau où mon fils est représenté à genoux devant la Sainte Vierge, à qui il offre sa couronne et son sceptre. Je vous charge de le porter à Notre-Dame-de-Grâces en Provence. Vous ferez à la Sainte Vierge, mes très humbles Actions de grâces et vous la prierez de bénir mon fils. Mon trésorier vous remettra une somme d'argent et avec cela, vous ferez l'aumône aux pauvres durant le cours de votre pèlerinage ».

Il partit accompagné du Père Victor. La lettre de la reine et le tableau furent accueillis avec respect et reconnaissance le 31 juillet 1644. Le tableau fut placé dans l'église, non loin de la chapelle de la Vierge. Le même jour, frère Fiacre fit une neuvaine d'Actions de grâces selon les intentions de la reine.

À son retour, le frère vint saluer la reine et lui rendre compte de son pèlerinage.

En 1647, le roi tomba gravement malade de la petite vérole. La reine, très inquiète eut recours au bon frère qui savait déjà par une révélation, la maladie du roi. La veille revenant de mâtine, il avait vu le roi malade et la reine qui l'exhortait de prier pour lui. Il communiqua à son confesseur ce qu'il avait vu. Celui-ci lui dit de ne rien précipiter et d'attendre.

Le lendemain, la reine envoya le capitaine des gardes pour dire aux frères de se rendre à Notre-Dame de Chartres et y accomplir une neuvaine pour le roi qui était fort mal. Dès la fin de la neuvaine, le roi entrait en convalescence, la fièvre cessait et une semaine après, il était guéri.

Durant ce pèlerinage à Notre-Dame de Chartres, le frère se sentit inspiré de diriger ses prières pour la paix, car la France vivait une période agitée, menacée sur son territoire par les Espagnols et les Autrichiens.

Lorsqu'il revit la reine, le frère lui parla de la nécessité de demander la cessation de la guerre et l'obtention de la paix. Après un long entretien, celle-ci envoya de nouveau notre cher moine à Chartres pour y faire une neuvaine pour la paix.

Il partit le 26 décembre 1647. Peu après ce pèlerinage, les armées françaises remportaient avec le prince de Condé, une éclatante victoire dans les plaines de Lens. Victoire qui réparait les échecs de l'année précédente. Et le 24 octobre 1648, était signé le traité de Westphalie qui mettait fin à une guerre de 30 ans.

C'était une époque très trouble pour la France puisqu'elle connut une guerre civile, appelée fronde qui commença en 1649 pour ne s'achever qu'en 1653.

Durant la deuxième période, frère Fiacre apporta son soutien à la famille royale et ne ménagera pas ses prières pour que la paix revienne. La troisième période de la fronde verra les prières du frère s'intensifier, lors d'une neuvaine à Sainte-Geneviève, entre autres, il disait à la reine : « Représentez-vous les maux que les guerres entraînent, elles font faire des péchés mortels ».

Peu de temps après, il tomba gravement malade. On craignait pour sa vie, mais lui s'offrait en victime à la justice de Dieu pour les péchés des Parisiens.

Des prières publiques furent ordonnées dans tout Paris pour la cessation de la guerre. La châsse de Sainte-Geneviève devait être portée de son sanctuaire ordinaire à la cathédrale Notre-Dame-de-Paris.

Notre bon moine sortit de son couvent, avec au cou une grosse corde, les pieds nus et se dirigea vers Notre-Dame-des-Vertus à Aubervilliers. La bataille du faubourg Saint-Antoine fut le dernier épisode de cette guerre civile.

Le 7 juin 1654. Louis XIV fut sacré à Reims. Notre frère fut invité à la cérémonie à la surprise de la cour, mais il déclina l'invitation préférant se rendre à Chartres afin de prier pour le jeune roi.

La France était à nouveau en guerre avec les Espagnols. Le jeune roi tomba à nouveau gravement malade, mais guérit peu de temps après.

De plus, la reine envoya frère Fiacre à Chartres en lui disant : « Quand vous serez à Chartres, mon bon frère, vous diviserez vos dévotions en deux parties. La première sera pour rendre grâce au ciel de la santé du roi. La seconde sera pour demander à Dieu par les mérites de la Sainte Vierge, la paix avec l'Espagne ». Frère fiacre fit le vœu d'aller en pèlerinage à Chartres, à Notre-Dame-de-Grâces et à Notre-Dame-de-Lorette en Italie si en l'espace de deux années, la France avait fait la paix avec l'Espagne.

Après de nombreux pourparlers, le traité des Pyrénées fut signé le 7 novembre 1659. Et le 9 juin 1660, Louis XIV épousait l'infante Marie-Thérèse à Saint-Jean-de-Luz.

En reconnaissance, le frère se rendit à Notre-Dame-de-Paris pour chanter le Te Deum. Il entonna aux pieds de Marie un chant d'Action de grâce.

En 1661, il accomplit le triple pèlerinage qu'il avait promis à Chartres à Notre-Dame-des-Grâces en Italie.

La jeune reine Marie-Thérèse n'était pas en espérance d'enfant et Anne d'Autriche, sa belle-mère craignait que sa belle-fille ne subisse le même sort qu'elle et ne puisse pas avoir d'enfant.

La jeune reine alla visiter mademoiselle de la Fayette au couvent de la Visitation de Chaillot. Celle-ci lui parla du frère Fiacre et de la manière merveilleuse dont il avait obtenu la naissance du roi. Remerciant mademoiselle de la Fayette, la reine lui dit : « Je vous charge de mander le frère Fiacre et d'obtenir de lui qu'il veuille bien prier à mes intentions ».

Mademoiselle de la Fayette, écrivit au religieux. Le frère promit de commencer une neuvaine à Notre-Dame-de-Bonne-Nouvelle, dont on vénérait l'image à l'abbaye Saint-Victor.

La reine mère conseilla à sa belle-fille de commencer une neuvaine à Notre-Dame-des-Victoires. Informé de ce fait, le frère commença une seconde neuvaine, le 8 décembre en la fête de l'Immaculée Conception.

Durant la nuit du sixième jour, la Sainte Vierge apparut au frère, accompagnée de sainte Thérèse portant dans ses bras un petit enfant. Marie lui dit en souriant : « L'on s'est adressé à vous, mon petit serviteur, pour demander encore des enfants à la France. Tenez-en voilà un que je remets à sainte Thérèse pour vous le donner ».

Le 29 janvier 1661, il fit un vœu qui consistait dans une troisième neuvaine en l'honneur de Notre-Dame-de-Paris et de Sainte-Thérèse.

De plus, les deux reines devaient se rendre à Notre-Dame-de-Paris, Notre-Dame-des-Victoires et Notre-Dame-des-Vertus à Aubervilliers. Elles souhaitaient faire réaliser une statue en vermeil de Sainte-Thérèse tenant dans ses bras le dauphin qu'elle présenterait à la Sainte Vierge.

Le 1 novembre 1661, la France saluait la naissance d'un dauphin. Les 2 reines vinrent au début de l'année 1662 rendre grâce à Notre-Dame-des-Victoires. Elles donnèrent 100 mares d'argent pour qu'on exécutât une figure de Sainte-Thérèse en relief tenant le jeune dauphin entre ses bras et le présentant à la Sainte vierge.

Après ces événements miraculeux, le roi et la reine mère résolurent d'en remercier Dieu. Le roi fit expédier des ordres royaux pour chacune des églises que frère Fiacre avait désignées. Et le père Ange, son supérieur, fut chargé de lui remettre son obédience.

La veille de son départ, le religieux alla prendre congé du roi et des deux reines. Celles-ci le chargèrent de riches présents spécialement destinés à Notre-Dame-de-Lorette. Elles lui remirent aussi, de la part du roi, trois exemplaires du traité des Pyrénées qui signait la paix entre la France et l'Espagne, magnifiquement reliés. Le frère devait laisser un de ces exemplaires dans chacun des sanctuaires qu'il allait visiter.

Le 1 mars 1661, frère Fiacre quitta son couvent accompagné du père Zacharie. Les deux pèlerins se dirigèrent d'abord vers le sanctuaire de Chartres, puis tracèrent leur itinéraire à travers le Perche et l'Orléanais. Ils rejoignirent à Auxerre la route pour se rendre en Provence. Le 2 avril, nos pèlerins arrivèrent à Notre-Dame-de-Grâces, où les prêtres de l'oratoire les reçurent avec joie. La présentation des lettres royales et surtout l'exemplaire du traité des Pyrénées aux supérieurs de la maison se fit en grande pompe, messe suivie d'un magnifique Te Deum.

Quittant Cotignac, nos deux pèlerins passèrent les fêtes de Pâques à Marseille. Naturellement, ils devaient passer par Rome pour se rendre à Notre-Dame-de-Lorette.

Le 20 avril, ils embarquaient sur un navire en direction de l'Italie mais quelques heures après la sortie du port, une violente tempête s'éleva. Le naufrage avait été évité de justesse, mais un autre péril s'annonçait.

Un vaisseau turc monté par des pirates avait aperçu le vaisseau français et le pourchassa durant 9 heures.

Le navire français allait être la proie des corsaires, quand une galère génoise vint lui porter secours aux abords de Savone.

La mer devint dangereuse, le navire se dirigea vers le port pour se mettre à l'abri. Savone est un lieu célèbre de dévotion où on y honore une image miraculeuse de la Sainte Vierge. Nos pèlerins s'y arrêtèrent trois jours et arrivèrent à Rome le 21 mai.

La première visite du religieux fut pour la basilique Saint-Pierre et le tombeau de l'Apôtre. Il avait hâte de s'acquitter de la promesse faite à Louis XIV et aux deux reines.

Le frère fut présenté au pape Alexandre VII qui le félicita de la mission qu'il avait à remplir. Il se rendit à Lorette où il porta le traité de paix et il fit chanter le Te Deum après la messe, tout en passant des journées entières en prière et en adoration.

En 1665, Anne d'Autriche était gravement malade, elle parla de sainte Radegonde pour qui sa dévotion était grande. Frère Fiacre partit à Poitiers pour prier sur le tombeau de la sainte, accompagnée du Père Anselme.

Une neuvaine pour la reine mère commença près du tombeau de Sainte-Radegonde. La mort d'Anne d'Autriche remplit le frère de chagrin. Les prières du frère furent sollicitées par le roi et la Reine lors de la campagne de Flandre en 1664. Il est sollicité durant la maladie du dauphin et la campagne de Hollande en 1672.

Auparavant, sur les conseils du frère, la reine avait installé à Notre-Dame-des-Victoires la confrérie de Notre-Dame-des-Sept-Douleurs pour honorer les douleurs de la Vierge.

Le 24 mars 1657, fête de Notre-Dame-des-Sept-Douleurs, la reine vint à Notre-Dame-des-Victoires, accompagnée de princesses et autres dames de la cour. Une statue de Notre-Dame-de-Savone fut installée à Notre-Dame-des-Victoires le 2 avril 1674 car notre moine avait été très touché par les apparitions de la Vierge à Antonio Botta.

Lorsqu'il revint en France après son périple en Italie, le frère entretint les deux reines des merveilles de Notre-Dame de Savone et du désir qu'il avait d'établir cette dévotion à Paris, car Notre-Dame de Savone est invoquée sous le nom de Notre-Dame de miséricorde, refuge des pécheurs. Il leur demanda de l'aider pour faire sculpter à Gênes, la statue de la Vierge et celle d'Antonio Botta en marbre blanc.

Les deux reines y consentirent, mais les statues arrivées à Paris en 1664, demeurèrent sans affectation avant d'être placées à Notre-Dame-des-Victoires. L'abbesse de Montmartre avait refusé la venue des statues.

Anne d'Autriche avant de mourir, recommanda à Louis XIV l'exécution de ce projet. Il chargea donc Colbert de faire ériger une chapelle. La construction fut confiée au célèbre architecte Claude Perrault qui l'exécuta sur les dessins du vénitien Scamozzi.

Et lorsque les travaux furent terminés, Colbert se rendit à Notre-Dame-des-Victoires et fit ajouter deux consoles de chaque côté de l'autel. La statue de Notre-Dame de Savone fut placée sur un piédestal de marbre blanc au milieu de l'autel et à côté sur l'assise préparée, celle d'Antonio Botta à genoux devant la Sainte Vierge. La chapelle fut solennellement bénie et on y célébra la messe pour la première fois.

Au jour de l'installation de la statue, frère Fiacre vit son pieux projet enfin réalisé et il supplia la Sainte Vierge de faire de son autel un refuge pour les pécheurs.

Cette piété traduisait un des attraits les plus vifs de la piété du religieux. Et son zèle pour le salut des pécheurs, se développa. Il adressa une prière à la Sainte Vierge : « Très Sainte Vierge, vous qui par votre apparition à la vallée de Saint-Bernard, avez apporté la joie aux justes et l'espérance aux pécheurs. Je vous supplie de la leur faire sentir aux uns et aux autres quand ils vous invoqueront dans cette église que vous avez choisie pour y être honorée comme mère de miséricorde ».

Frère Fiacre fut durant toute sa vie, un religieux respectueux pour ses frères mais aussi pour la famille royale. Et il était aussi un puissant intermédiaire avec le ciel, vénéré par un nombre considérable de personnes de toutes les classes de la société. On venait de toutes parts se recommander à ses prières. Il ne refusait personne, et pour ne pas manquer à ses promesses, il inscrivait sur un calepin les engagements qu'on l'avait supplié de prendre. Les jours étaient marqués par d'innombrables prières, exercices religieux, visites aux malades. Et pour remplir tous ses devoirs, il prenait le temps sur son sommeil. De fait, il ne devait pas beaucoup dormir. Accepter de réciter les prières et faire des neuvaines qu'il accomplissait ponctuellement, telle était la première source des rapports avec le monde qu'avait le bon moine. On aimait converser avec lui. Sa parole d'une grande simplicité, charmait ses auditeurs, il y avait des aperçus parfois très élevés sur les mystères de Dieu, mais aussi des récits sur la Sainte Vierge et sur les merveilles qu'elle ne cesse d'opérer. Il y avait aussi de sages et délicats conseils qu'il trouvait moyen de ménager dans ses entretiens.

Après l'installation de Notre-Dame de Savone, son zèle pour la conversion des pécheurs s'accentua, il ne cessait de prier pour eux, qu'il trouvait plus à plaindre que les âmes du purgatoire. Ses fonctions de frère quêteur lui faisaient rencontrer de nombreuses personnes de toute condition qui ignoraient Dieu. Il multipliait les conseils et n'était heureux que lorsqu'il avait converti les pécheurs à qui il avait affaire.

Frère Fiacre portait à son ordre, les Augustins déchaussés, un profond et filial amour. Il aimait rendre service à ses frères sans faire entre eux de distinction et sans attacher la moindre attention à leurs défauts. Il admirait ceux dont la conduite lui paraissait exceptionnelle. Il était très estimé de ses supérieurs qui réclamaient comme une faveur le privilège de l'accompagner dans ses pèlerinages.

Outre son zèle pour la conversion des pécheurs, le frère était habité par la délivrance des âmes du purgatoire. Il avait la plus vive compassion pour ces âmes qui attendaient leur délivrance. Il aurait voulu, comme le fit Saint François-Xavier à Lisbonne, parcourir les rues, la clochette à la main, afin d'inviter les passants à prier pour les morts.

Il eut d'étroites relations avec deux religieuses connues du monastère Saint-Gervais, madame Françoise De Vassé et sa sœur, parentes de François de Gondi, archevêque de Paris, car elles avaient une dévotion spéciale pour les âmes du purgatoire.

La naissance du duc de Bourgogne, petit-fils de Louis XIV, fut l'occasion du dernier rapport que le frère eut avec la cour. La reine en 1680, avait demandé au frère de prier pour obtenir que la dauphine eût un fils. Il commença des neuvaines et en avril 1681, un valet de pied vint lui dire de prier et de faire dire toutes les messes à Notre-Dame-des-Victoires pour la dauphine qui allait être mère.

Durant le mois de septembre, il fut mandé à nouveau à la cour et envoyé à Chartres, avec le père Nicolas qui disait la messe. Il revint et assura à la reine que la dauphine aurait un fils et qu'elle irait remercier Notre-Dame de Chartres.

La dauphine mit au monde un fils et un courrier vint à 4 heures du matin en donner la nouvelle au frère. Celui-ci alla saluer leurs majestés et la dauphine, puis il alla à Notre-Dame-de-Paris pour rendre grâce.

La dauphine envoya au frère Fiacre un riche parement d'autel en brocard d'or et d'argent, accompagné d'une chasuble chargée des armoiries de France et de Bavière.

Les religieux ornèrent l'autel de la Sainte Vierge la veille de l'Assomption. On le vola dans la nuit alors la dauphine en fit travailler un second.

Rentré dans son couvent, le frère se prépara à la mort. Il y avait près de 50 ans qu'il vivait dans sa communauté et l'approche de son année jubilaire, le portait à vouloir accomplir plus que jamais les prescriptions de sa règle. La cérémonie jubilaire eut lieu le 21 novembre, jour de la fête de la présentation de la Vierge Marie et son supérieur reçut la renouvellement de ses vœux. « Il faut que je me hâte d'aimer Dieu », disait-il, car la mort va bientôt venir.

L'année 1683 se passa tout entière dans les œuvres de pénitence. En le voyant passer dans les rues, on disait « Voilà un vrai Saint ! ». Son oraison était continuelle.

À la suite de sa dernière retraite durant trois semaines, il ne put fermer les yeux tant son cœur était ému et échauffé par le feu divin. Quand il reprit ses quêtes dans la ville, il avertit plusieurs personnes qu'il affectionnait qu'il les quitterait bientôt.

Le 1 janvier 1684, il prit ses dispositions pour le transfert de son cœur à Notre-Dame-de-Grâce à Cotignac et il écrivit une lettre à Louis XIV.

« Sire, le pauvre frère Fiacre, religieux Augustin déchaussé des petits pères du couvent de Paris, supplie très humblement Votre Sacrée Majesté de permettre à ses supérieurs de faire porter son cœur après son décès en l'église des révérends pères de l'oratoire de Notre-Dame-de-Grâce, proche de Cotignac en Provence, pour y être mis et posé dessous le marchepied de l'autel de la très Sainte Vierge, en Action de grâce de l'heureuse naissance de Votre Majesté. Et je prierai notre Seigneur pour elle, en reconnaissance de cette faveur, s'il lui plaît de l'accorder à mes supérieurs.

Fait à Paris, le 1 janvier 1684, frère Fiacre de Sainte-Marguerite. »

Au mois de février, la dauphine, mère pour la seconde fois d'un fils, le duc d'Anjou, manda le frère Fiacre qui, bien que souffrant, demanda à ses supérieurs la permission de se rendre à Versailles.

L'hiver étant exceptionnellement rigoureux, le supérieur ne céda qu'aux instances réitérées du frère qui disait que s'il n'allait pas à Versailles, il ne reverrait jamais plus les princes.

Il partit le 10 février et le lendemain il s'entretint plus d'une heure avec la dauphine, qui ne se lassait pas de l'entendre parler de Dieu avec une si belle simplicité.

Avant de quitter le château, il fut reçu par le roi. Le samedi soir, il rentra malade à son couvent. Il voulut se lever le dimanche 13 février mais il se sentit à bout de force. Il alla trouver son prieur et fit une confession générale avant d'aller communier avec les autres frères.

Le lundi, il voulut recevoir le saint Viatique, revêtu de ses habits religieux, la corde au cou, il reçut le sacrement après avoir demandé pardon aux religieux du mauvais exemple qu'il leur avait donné.

Le frère demanda au prieur de prendre connaissance aussitôt après sa mort des lettres cachetées qu'il trouverait dans son oratoire et de remettre au roi la lettre qui lui était destinée. Le lendemain, il reçut l'extrême-onction.

Il se souvint que le Carême commençait et demanda qu'on lui imposât les cendres, puis il rentra dans le silence de l'extase. Vers midi, il récita trois fois le Pater, prononça le nom de Jésus, fixa son crucifix et mourut paisiblement.

Aussitôt le frère mort, le prieur fit extraire son cœur qui fut enfermé dans le cœur d'étain que frère Fiacre avait préparé et il alla trouver Louis XIV qui lui dit : « Vous avez perdu un grand serviteur de Dieu, mon père. Je donnerai mes ordres pour qu'on porte son cœur à Notre-Dame-de-Grâce ».

En même temps, le roi tira de sa poche trente Louis et les tendit au religieux en disant : « Voilà pour défrayer les religieux qui porteront son cœur en Provence ». Les religieux de l'Oratoire reçurent cet ordre : « De par le roi, comte de Provence, chers et bien aimés, ayant été informés que le frère Fiacre, religieux Augustin déchaussé du couvent de notre bonne ville de Paris, décédé depuis peu, a témoigné par sa disposition et dernière volonté, désiré que son cœur fût porté dans votre église pour y être sous le marchepied de l'autel de la Sainte Vierge. Nous vous écrivons cette lettre pour vous dire que notre intention est que vous ayez à recevoir le cœur dudit frère Fiacre qui doit être porté par deux religieux de son ordre pour le mettre au lieu qu'il a destiné à cet effet, car tel est notre plaisir.

Donné à Versailles le 28 février 1684, signé Louis, par mandatement Colbert. »

Le frère avait demandé à être enterré au pied du dernier degré de la cave des morts. Il disait : « J'ai toujours souhaité cette grâce de Dieu et de mes supérieurs en reconnaissance de la grâce que Dieu m'a faite de bien me persuader que je suis le dernier de tous les hommes, le dernier des religieux du couvent et le marchepied du monde. Et comme mon cœur va être le marchepied de la Sainte Vierge dans l'église de Notre-Dame-de-grâce en Provence, avec la permission de mes supérieurs, je vous demande la même grâce pour mon corps, qu'il puisse être le marchepied des religieux et de tous les hommes, comme il a été durant son vivant à mon grand contentement.

Fait en notre cellule de Paris, 15 novembre 1677. »

Durant la révolution, l'église Notre-Dame-de-Grâce fut profanée et le cœur disparut. Le corps du frère fut préservé, il existe encore dans le tombeau resté intact, sous la dernière marche de l'escalier du chœur de l'église qui descendait à la crypte des morts où l'on ensevelissait les religieux.

L'abbé Des Genettes

Je vais vous parler d'un prêtre qui a énormément compté dans l'histoire de Notre-Dame-des-Victoires.

Il est enterré au pied de l'autel de la Vierge Marie. Et quand vous vous agenouillez, vous êtes au-dessus de son tombeau.

Charles Eléonore Dufriche Des Genettes est né le 10 août 1778 à Alençon, dans l'Orne. Son père, Charles Guillaume Dufriche Des Genettes, procureur du roi, son épouse et leurs deux filles se réjouissent de sa naissance.

Le petit Charles est doté d'une intelligence très vive ainsi que d'une mémoire remarquable. À 3 ans, il sait lire et à 7 ans, il suit les cours de 5e. Cependant il a aussi un caractère vif, impétueux et turbulent. Ce qui inquiète sa maman qui un jour dira : « Plutôt qu'il meure !».

Charles essaie pourtant de corriger sa nature batailleuse car il est profondément croyant. Il construit des petits oratoires en l'honneur de la Sainte Vierge, où il va implorer son pardon pour avoir fait de la peine à sa maman. Il désire devenir prêtre.

Un jour, son confesseur, après de sévères reproches, lui dit : « Que voulez-vous devenir ? Vous avez bien à faire pour songer à devenir prêtre, il faut d'abord vous corriger. »

Et Charles lui répondit : « Eh bien, je me corrigerai. »

Pourtant, son excessive légèreté retarda sa première communion. Mais sa piété devint plus sérieuse, sa conduite plus régulière et il commença à lutter sérieusement contre les entraînements de son caractère.

La famille Des Genettes s'installe à Sées, puis à Dreux. Et Charles est envoyé au collège à Chartres.

En 1789, la révolution éclate. Il a 12 ans en 1790, lorsque la constitution civile du clergé est votée. Cet acte schismatique le répugne.

Envoyé à confesse au sein de son collège, il refuse le sacrement de réconciliation car le prêtre est assermenté. Charles se met à genoux pour obéir à la règle mais reste muet.

Le prêtre lui dit :

- « Dites votre confiteor mon ami.

- Je ne lis pas de confiteor.

- Pourquoi ?

- Parce que je suis amené ici de force, je ne me confesse pas aux prêtres assermentés. Vous n'êtes pas catholique. Vous avez bien des relations avec la cour de Satan ! »

Le 21 janvier 1793, le roi Louis XVI est guillotiné.

Le père de Charles refuse d'adhérer à la sentence de la Convention et démissionne de ses fonctions. Il est suspecté puis arrêté en 1794 et dépouillé de tous ses biens. La famille vit dans l'indigence et Charles parcourt la campagne pour trouver des vivres. Il noue aussi des liens avec des prêtres réfractaires, ceux qui étaient restés fidèles à Rome, contraints de se cacher pour éviter la prison ou l'échafaud.

Le 4 août 1794, Charles, âgé de 16 ans, se rend au club révolutionnaire de Dreux. Et après un plaidoyer fougueux, obtient la libération de son père et d'une centaine de détenus.

Caractère toujours bien trempé, il fait rouvrir l'église de Saint-Omer et organise des temps de prières. Il fait aussi le catéchisme aux enfants, sans se cacher. Il avait quand même été dénoncé au préfet qui le laisse partir tranquille.

En 1799, son père, opposé à sa vocation sacerdotale l'envoie reprendre ses études à Alençon, chez son oncle, le père du docteur Des Genettes, qui fut un médecin de Napoléon.

Il entreprend des études de maths et de médecine. Mais il tombe gravement malade, il est atteint de la typhoïde. Il fait le serment de se consacrer à Dieu s'il guérit. Ayant recouvré la santé, il réitère auprès de son père son désir de devenir prêtre. Celui-ci consent, attendri par le plaidoyer de son épouse.

Charles entre au grand séminaire de Sées en 1803, et il est ordonné prêtre le 9 juin 1805.

Il est nommé dans plusieurs paroisses du diocèse de Saint- Omer, Courtomer, Saint-Martin d'Argentan.

Il donne les derniers sacrements à sa mère, puis à son père qui se convertit avant de mourir en 1804.

Il part ensuite à Laigle où il ouvre une maison d'éducation de 135 élèves, mais les tracasseries administratives l'obligent à la fermer en 1811.

En 1813, Charles se trouve à Argentan, cette ville était encombrée de blessés et de prisonniers de guerre que l'on avait entassés dans un ancien couvent dans des conditions d'hygiène déplorables.

Le typhus se déclare mais Charles visite les prisonniers, leur donne le sacrement. Et bien entendu, il attrape le typhus, il reste un mois entre la vie et la mort. La maladie lui a fait perdre sa prodigieuse mémoire. Désormais, il lit ses prônes que l'on appelle homélies maintenant.

Nous sommes toujours sur le premier Empire, Napoléon qui détenait le pape Pie VII prisonnier à Fontainebleau, nommait les évêques. Il nomme à cette époque un nouvel évêque pour le diocèse de Sées, s'ensuit une fronde, le pape refuse cette nomination. Charles parvient à entrer en contact avec le pape par courriers interposés. La situation s'apaise, Charles est nommé administrateur du diocèse, charge qu'il refuse.

Lors des négociations avec le pape, Charles avait rencontré le père Pierre Picot de Clorivière, restaurateur de l'ordre des Jésuites en France. Il lui avait confié son désir de rentrer au sein de la compagnie de Jésus.

Le père de Clorivière, lui lit alors :

- « Nous ne pouvons pas vous recevoir.

- Pourquoi ? Répond Charles.

- Ce n'est pas la volonté de Dieu, il faut que vous soyez curé.

- Curé, jamais. J'ai déjà refusé deux fois de l'être, je me suis fait prêtre pour prêcher, confesser, exercer le ministère, mais pas pour être curé.

- C'est la volonté de Dieu. Vous serez nommé curé avant la fin de l'année. Vous refuserez et serez forcé d'accepter. Vous irez dans une paroisse où vous souffrirez, mais où vous ferez beaucoup de bien. Vous la quitterez après quelque temps pour aller dans une autre. »

Sur ces entrefaites, le premier empire s'achève, Napoléon abdique, les bourbons reviennent.

Charles se réjouit. Il fait chanter le « Domine salvum fac regem ».

Bien entendu, il se fait tirer les oreilles par le curé du coin. Et comme l'empereur revient pour cent jours, il doit se cacher. Car il a failli être arrêté et emprisonné au fort de Vincennes pour ses convictions royalistes. Il passe alors cent jours au Bon Sauveur à Caen puis il retourne à Argentan.

La prédiction du père de Clorivière se réalise. Il est nommé curé de Saint-Pierre de Montsort à Alençon en 1815 et il n'est pas bien accueilli. Ce mauvais accueil, il le retrouvera beaucoup plus tard, à Notre-Dame-des-Victoires.

Saint-Pierre de Montsort avait la réputation d'une paroisse peu accueillante. Les paroissiens étaient des révolutionnaires ou des bonapartistes qui professaient une hostilité forte contre la religion.

Le jour de son installation, le père Charles entra dans sa nouvelle église, accompagnée par la gendarmerie, subissant railleries, humiliations, le père ne faiblit pas et dit à ses paroissiens : « Vous voulez que je m'en aille ? Eh bien je ne le ferai pas. Je suis venu ici sans l'avoir demandé, malgré moi par ordre de mes supérieurs et je resterai malgré votre opposition. Si vous voulez que je parte, convertissez-vous, revenez à Dieu ! Et alors, ne vous étant plus nécessaire, je n'hésiterai pas à vous quitter et à laisser à un autre qui vous sera plus agréable, le soin de conduire vos âmes au ciel. »

Cette déclaration plut beaucoup mais irrita aussi certaines personnes. Son obstination va cependant payer car au bout de trois années très difficiles, les paroissiens vont s'attacher à leur curé. Mais les ennuis accumulés réveillent chez lui le désir de vie religieuse. Il quitte sa paroisse et tombe gravement malade encore une fois.

Ses paroissiens se relaient à son chevet pour veiller sur lui. « Il a été bien malheureux parmi nous, mais nous avons appris à l'aimer », disaient-ils.

Le temps n'avait pas effacé son souvenir. En 1854, un des prêtres attachés à Notre-Dame-des-Victoires alla prêcher une retraite à Notre-Dame d'Alençon, et on lui parla de monsieur Des Genettes avec amour et vénération.

Les vertus de pasteur de l'abbé Des Genettes sont vantées au docteur Récamier, bien en vue à Paris, qui s'en fait l'écho auprès de l'abbé Desjardins, curé de la paroisse Saint-François-Xavier des Missions Étrangères. Celui-ci s'enthousiasme et désire l'abbé Des Genettes comme vicaire. L'évêque de Sées accepte de le prêter au diocèse de Paris. Et ce prêt va durer très longtemps.

En 1819, père Des Genettes arrive à Paris. Dès le mois d'octobre, il succède au père Desjardins comme curé, bien malgré lui.

L'église des Missions Étrangères de Paris est située rue du Bac, pas très loin de la chapelle de la Médaille Miraculeuse. Mais c'est une petite église, et elle ne pouvait contenir tous les fidèles. L'abbé Des Genettes qui ne manque pas d'idées, utilise la crypte pour doubler sa capacité. Il installe un mobilier à ses frais et invite les pauvres tous les dimanches à assister à des offices spécialement célébrés pour eux. Il y apporte des secours matériels. Il est aidé en cela par deux Filles de la Charité qui distribuent des bons de chauffage ou de pain.

En même temps, il s'inquiète du sort des petites orphelines qu'il croise souvent dans les rues de son quartier. Il va trouver une Fille de la Charité, sœur Madeleine, qui est supérieure du bureau de bienfaisance du quartier. Et il lui dit : « Ma sœur, il faudrait me chercher une maison pour ouvrir des écoles et donner asile à des orphelines. Mettons notre projet dans le Cœur Immaculé de Marie. Si c'est elle qui l'inspire, elle nous fournira les moyens de le réaliser et nous agirons sous sa direction. »

Une maison fut bientôt trouvée pas très loin, rue du Cherche-Midi, elle ouvra au mois d'octobre 1820. Et elle était pourvue d'une école, mais comme le nombre des fillettes augmentait, ils ont eu recours aux religieuses du couvent des oiseaux et aux dames du Sacré-Cœur, dirigé par la mère Madeleine Sophie-Barat.

L'acquisition de la maison avait coûté 30 000 francs de l'époque à l'abbé Des Genettes qui avait payé de ses deniers.

Au bout d'un an, il fut nécessaire d'acheter une maison plus vaste située rue Oudinot, qui est toujours dans le 7e arrondissement.

Le père Des Genettes supportera seul les charges financières et administratives pendant trois ans. Il fut aidé par des dons de paroissiens, de personnes de la noblesse et du roi Charles X qui, apprenant l'œuvre du prêtre, lui donna 30 000 francs.

En 1828, la maison devenait autonome et il était temps parce que l'abbé Des Genettes n'avait plus rien.

Curieusement, à la même époque, un certain Jean-Marie Vianney, curé d'Ars fondait lui aussi un orphelinat, qu'il appela comme le père Des Genettes : la Providence.

Les calomnies arrivèrent et on accusa l'abbé Des Genettes de détourner les dons destinés aux pauvres et d'avoir accumulé d'énormes dettes qu'il ne pouvait payer.

On le présenta à ses supérieurs hiérarchiques comme un prêtre cupide, ambitieux, intriguant… Et pourtant, le désir de son cœur était de faire le bien, le cacher était sa préoccupation. Il disait : « J'aime mieux m'être trompé trois fois que de refuser une seule aumône à des nécessiteux. »

Concernant le caractère du père Des Genettes qui était appelé communément « monsieur rude abord », il avait donc un caractère bien trempé, pas toujours aimable, lui-même en avait conscience. Plus tard, quand il deviendra curé de Notre-Dame-des-Victoires, à l'occasion de sa fête et de l'anniversaire d'ordination, il demandera publiquement pardon aux fidèles pour ses manquements à leurs égards. C'est un bel exemple d'humilité. Il dit : « Je n'ai pas rompu mon caractère quand j'étais plus jeune et aujourd'hui je suis le jouet de mes impatiences. Tous ces défauts dont je gémis devant Dieu et devant vous, me retiendront de longues années dans les flammes du purgatoire, si Dieu n'a pitié de ma pauvre âme, si Marie, ma bonne mère, n'intercède pour moi. »

Son caractère, sa position royaliste, fidèle au roi Charles X, il avait d'ailleurs assisté à son couronnement à Reims, son ultramontanisme, c'est-à-dire fidèle à l'église de Rome, au pape ; toutes ces choses accumulées feront qu'il ne sera jamais évêque, malgré les interventions de ses cousins, Des Genettes et Valazé.

Ce cher père était décidément trop remuant. Durant son ministère aux Missions Étrangères de Paris, il avait accueilli comme vicaire Dom Guéranger qui restaurera l'ordre des Bénédictins et le chant grégorien à l'abbaye de Solesmes.

Pour terminer, j'en arrive à l'année 1830 où il s'est passé bien des choses.

Sur le plan religieux, ce sont les apparitions de la Vierge Marie à Catherine Labouré, rue du Bac qui déboucheront sur la fabrication de la médaille de l'Immaculée Conception, appelée Médaille Miraculeuse.

La France va connaître un changement de règne. Le roi Charles X est contraint d'abdiquer à la suite de la révolution de juillet appelée les « trois glorieuses » car elle s'est déroulée sur 3 jours, 27, 28 et 29 juillet.

Que faisait le père Des Genettes durant ces événements ? Il se trouvait au noviciat des Jésuites à Montrouge où il suivait les exercices de saint Ignace. La maison des Jésuites fut mise à sac et il regagne Paris sous des habits civils empruntés de justesse.

Le premier geste fut de voler au secours de ses orphelines. Mais le quartier était aux mains des émeutiers. La caserne de Babylone, où se trouvaient les gardes Suisses, était assiégée.

Ne pouvant rejoindre ses petites filles, l'abbé se porta au secours des gardes Suisses, et sous une grêle de balles, il parvint au risque de sa vie, à leur faire passer des vivres et des munitions. Il faut dire que l'abbé a déjà 52 ans, ce n'est plus tout à fait un jeune homme.

La caserne fut brûlée et la plupart des Suisses massacrés. L'orphelinat sera épargné grâce au calme et au sang-froid de sœur Madeleine.

Le père Des Genettes regagne son presbytère. Il y restera encore deux mois malgré son entourage qui le presse de partir.

Ne pouvant exercer son ministère dans la sérénité, il donne sa démission auprès de monseigneur de Quélen, archevêque de Paris qui essaie de le retenir, mais en vain, car le père Des Genettes est aussi très têtu.

Mécontent, monseigneur de Quélen finit par accepter sa démission.

Le 29 septembre 1830, l'abbé prend le chemin de l'exil et s'installe à Fribourg en Suisse, où il va rester deux ans.

Pourquoi est-il parti ? Il y a plusieurs hypothèses qui ont été avancées.

La première : la peur. Concernant le caractère du père Des Genettes, cela paraît très peu probable.

La crainte d'aller en prison pour des dettes à cause d'une mauvaise gestion d'une société de livres ?

La fidélité de Charles, le royaliste à la famille des Bourbons. C'est peut-être ce qui paraît le plus probable.

Le séjour en Suisse sera calme. L'évêque de Fribourg va beaucoup l'apprécier, on lui propose la cure de Genève et même la cure française de Moscou. Il refusera les deux propositions. Pourtant, il ne sera pas inactif. Il s'entremet au sein des exilés français pour ramener la paix. Il confesse, célèbre des messes et prêche.

Deux ans plus tard, le 26 mars 1832, une terrible épidémie de choléra venue de Russie éclate à Paris en plein carnaval. En un mois, elle fait 12 700 morts.

Le père Des Genettes décide alors de rentrer en France. Monseigneur de Quélen s'étonne : « L'abbé Des Genettes, il devrait être ici ! Écrivez-lui de revenir tout de suite ! » Cependant, l'abbé étant souffrant, on parle de cholérine qui est une variante du choléra, son médecin lui déconseille de partir, surtout à cause du choléra qui sévit à Paris. Et il lui répond : « Mais c'est bien pour ça que je rentre justement, c'est pour aider ».

L'épidémie s'éteint spontanément à l'automne. Tout le temps de l'épidémie, il y a eu une distribution très importante de Médailles Miraculeuses.

À Paris, son cousin le baron Des Genettes, lui conseille de se tenir tranquille. On ne sait jamais, ses opinions sont bien connues.

Le père Des Genettes est proposé pour l'évêché de Verdun, puis d'Ajaccio.

Les cousins Des Genettes aimeraient bien qu'il coiffe la mitre et devienne évêque, et poussent les tractations par derrière. Mais le ministre des Cultes, monseigneur De Frayssinous, refusa en disant qu'il est trop royaliste et trop remuant.

L'année 1832, l'abbé Des Genettes apprend sa nomination comme curé de Notre-Dame-des-Victoires. Son prédécesseur, le père Fernbach, était mort officiellement du choléra, mais des rumeurs d'empoisonnement circulaient.

Le 30 août 1832, l'abbé Des Genettes prend possession de la cure de Notre-Dame-des-Victoires, il a alors 54 ans.

François Veillot trace de lui ce portrait : « D'une constitution robuste, il était physiquement dans la maturité de l'âge. Par ailleurs, l'expérience du ministère, les épreuves de la vie, le combat intérieur avaient donné à son être moral une sorte d'équilibre et de plénitude ».

Lorsqu'il prend possession de son église et explore le quartier, il comprend qu'il entre dans la troisième étape de sa vie prophétisée par le père de Clorivière. Il ne peut se défendre d'un mouvement d'accablement.

Il le dira quelques années plus tard en racontant la naissance de l'Archiconfrérie le 24 avril 1838.

En juin 1842, le père Des Genettes se rend à Rome afin de rencontrer le pape Grégoire XVI qui l'accueille chaleureusement. Mais durant son séjour, une fois de plus, il tombe malade et cette fois-ci, c'est la malaria. Il doit se résoudre à rentrer en France, mais avant de partir, il est à nouveau reçu par le pape. Celui-ci confie à Notre-Dame-des-Victoires les reliques de Sainte-Aurélie, jeune martyre romaine, qui se trouvent à l'autel de la Sainte Vierge.

Les années suivantes sont très riches, le père côtoie Lacordaire, responsable du renouveau des Dominicains. Il fera d'ailleurs partie du tiers-ordre.

Il encourage Frédéric Ozanam, fondateur des conférences de Saint-Vincent-de-Paul. Il devient le directeur spirituel de l'abbé Roussel, fondateur des Orphelins Apprentis d'Auteuil. Il rencontre beaucoup de monde, des fondateurs d'ordres au 19e siècle. Il œuvre aussi pour la conversion des anglicans en Angleterre, des paroisses de Suède et de Norvège, royaumes protestants sont affiliés à l'Archiconfrérie.

En 1846, Pie IX accède au trône de Saint-Pierre. Il manifeste ses sympathies pour l'Archiconfrérie et son fondateur. Il inondera l'association d'indulgence disant : « L'Archiconfrérie du Saint Cœur de Marie est l'œuvre de Dieu, c'est une pensée du ciel qui l'a produite. Elle sera dans les mauvais jours une ressource pour l'Église. »

Le père accueille plusieurs Juifs convertis, notamment les Frères Ratisbonne, dont l'un se convertit après l'apparition de la Sainte Vierge à Rome. Il accueille François Libermann, qui deviendra le directeur des Spiritains. Et Hermann Cohen, qui encouragé par le curé de Notre-Dame-des-Victoires, fonde avec l'abbé de la Bouillerie, l'adoration nocturne le 6 décembre 1848, et qui sera le prélude à l'adoration au Sacré-Cœur de Montmartre. Il y a encore un ex-voto sur le pilier à gauche de la chapelle de Saint-Augustin.

Le père s'intéresse également à la cause des noirs en Afrique. Il rencontre Anne-Marie Javouhey qui œuvrera beaucoup en Afrique et aux Antilles avec les sœurs de Cluny.

Tous les grands ordres religieux s'affilient à l'Archiconfrérie, à commencer par les Filles de la Charité, les Lazaristes, les Missions Étrangères de Paris, les Jésuites, et encore beaucoup d'autres.

L'abbé Des Genettes essaie de décorer son église qui est bien nue, mais au fil des années, il voit avec joie les murs se remplir d'ex-voto en marbre, mais aussi de cœurs et de lampes. Les décorations militaires viendront plus tard.

En 1853, le pape offre des couronnes pour la Vierge et l'Enfant. Le 9 juillet 1853, le père Des Genettes, très ému, assiste à la cérémonie.

Les couronnes seront volées lors du pillage de l'église en mai 1871.

Doucement, le père Des Genettes entre dans la vieillesse. Le jeudi saint de l'année 1859, ses jambes ne le soutenant plus, il est porté à l'église pour la dernière fois. Il doit rester dans son appartement situé à côté, rue du Mel, où chaque jour, il célèbre la messe.

Le 17 avril 1860, il est alité. Ses forces déclinent rapidement, il reçoit l'extrême-onction.

Le 23 avril, il ne parle plus et le 25 avril, il rejoint son Seigneur à 2h du matin. Il avait 82 ans.

Il avait fait un testament et souhaitait être enterré aux pieds de la Sainte Vierge. Vœu exaucé par décret impérial (Napoléon).

Le père Des Genettes est donc enterré aux pieds de celle qu'il avait tant aimé durant toute sa vie terrestre. Revêtu de ses ornements sacerdotaux, les statues de l'Archiconfrérie à ses pieds. Son cœur est déposé à la chapelle de l'orphelinat de la Providence.

L'Archiconfrérie

Nous sommes à Paris en 1832. La France est une monarchie. Le roi Louis-Philippe a été porté au pouvoir après la révolution de juillet en 1830 chassant le roi Charles X.

La même année, la Sainte Vierge apparaît à une jeune Fille de la Charité, Catherine Labouré. Une médaille est frappée selon les indications de Catherine. Elle deviendra célèbre dans le monde entier. C'est la médaille de l'Immaculée Conception, dite Médaille Miraculeuse.

Malgré les demandes de la jeune novice, la chapelle de la rue du Bac reste fermée au public. Celle-ci dira plus tard : « La chapelle est fermée, mais les pèlerins iront à Notre-Dame-des-Victoires. »

En 1832, une épidémie de choléra sévit à Paris et elle fait des milliers de morts. Le clergé de Paris et dans toute la France reste affaibli pour mener à bien son objectif de restauration religieuse. Le nombre de prêtres a diminué de moitié par rapport à 1789 et près de la moitié d'entre eux ont plus de 60 ans.

Le recul de l'encadrement religieux a fait glisser une partie des Français dans l'indifférence à Paris. À peine un habitant sur huit pratique et le taux pour les hommes tombe à 5%.

Les mariages civils sont nombreux, les congrégations religieuses connaissent une activité inconnue jusqu'alors et sont dotés de moyens nouveaux. Lamennais et les catholiques libéraux, tels Lacordaire, l'abbé Gerbet, lancent un programme progressiste dans le journal L'avenir et appellent l'Église à se réconcilier avec la révolution et à prendre la tête d'une croisade de la liberté. Dans ce contexte, la tâche d'un curé n'est pas une mission facile ! Le 27 août 1832, l'archevêque de Paris, monseigneur de Quélen nomme un nouveau curé à Notre-Dame-des-Victoires : l'abbé Charles-Éléonore Dufriche Des Genettes.

C'est un homme de fort tempérament, dans la force de l'âge, il a alors 54 ans. Normand d'origine, il avait été auparavant curé de Saint François-Xavier des Missions Étrangères de Paris.

Notre-Dame-des-Victoires, paroisse en 1809 ne brille pas par sa ferveur.

Écoutons le nouveau curé : « Il y a dans Paris cette moderne Babylone, une paroisse alors presque inconnue même d'un grand nombre de ses habitants. Elle est située entre le palais Royal et la Bourse. Sa ceinture se compose de théâtres et de lieux de plaisirs bruyants.

Cette paroisse dédiée à Notre-Dame des Victoires a perdu son nom avec sa gloire. On ne la connaît plus que sous le nom, sans expression d'église des Petits-Pères.

Ce temple restait désert, même aux jours de solennité les plus augustes de la religion. Disons plus, disons tout quoi qu'il nous en coûte, il était devenu un lieu, un théâtre de prostitution et nous avons été forcés de recourir à la force publique pour en chasser ceux qui le profanaient. Point de sacrements administrés dans cette paroisse, même à l'article de la mort ».

Le dimanche qui suivit son installation, le père Des Genettes compte 40 personnes à la grand-messe.

« C'est en vain que le prêtre monte en chaire pour y rompre le pain de la parole, il n'y a personne pour l'écouter. Une poignée de chrétiens mais qui craignaient de le paraître, voilà tout le troupeau. Les autres, absorbés par les calculs de l'intérêt et du gain, ou noyés dans les excès des voluptés et des passions, ne connaissent ni l'église ni le pasteur.

Et si ce triste pasteur tente d'établir quelque relation avec les âmes qui lui sont confiées, on le dédaigne, on le méprise. Il s'entend dire qu'on n'a pas besoin de lui, qu'il n'a qu'à se retirer. S'il obtient d'être admis auprès d'un malade en danger, c'est sous conditions d'attendre que le malade ait perdu le sentiment. Et encore qu'il ne se présente qu'en habit séculier !

Que dirait-on si l'on voyait entrer un prêtre dans notre maison ? On nous prendrait pour des Jésuites.

Voilà le degré de foi et d'esprit religieux de cette paroisse ».

Cela va durer 4 ans.

Pour la première fois de sa vie, Charles le combatif songe à battre en retraite. Il demande à monseigneur de Quélen d'être déchargé de cette paroisse. Celui-ci refuse, lui demandant de patienter encore et de prier.

Heureusement que l'archevêque a dit non car sans le savoir, notre curé était prêt pour la belle mission que la Vierge allait lui confier.

Le 3 décembre 1836, nous sommes un samedi, le père célèbre la messe à l'autel de la Vierge, il est 9 h du matin.

Écoutons-le raconter ce qui lui est arrivé : « Je commençais la sainte messe, j'en étais au premier verset du psaume Judica me. Quand une pensée vint saisir mon esprit, l'inutilité de mon ministère dans cette paroisse. Je fis tous les efforts pour l'éloigner de mon esprit. Il me semblait entendre une voix qui me répétait :

Tu ne fais rien, ton ministère est nul, vois depuis plus de 4 ans que tu es ici, qu'as-tu gagné ? Tout est perdu, ce peuple n'a plus de foi. Tu devrais par prudence te retirer.

Cette pensée s'opiniâtra tellement qu'elle absorba toutes les facultés de mon esprit, au point que je lisais, je récitais les prières sans plus comprendre ce que je disais. Après le Sanctus, je m'arrêtais un instant et je me dis, mon Dieu, dans quel état suis-je ? Comment vais-je offrir le divin sacrifice ? Je n'ai pas assez de liberté d'esprit pour consacrer, ô mon Dieu, de cette malheureuse distraction délivrez-moi.

À peine eus-je achevé ces paroles que j'entendis très distinctement : « Consacre ta paroisse au très Saint et Immaculé Cœur de Marie ».

À peine eus-je entendu ces paroles, que je recouvrais immédiatement le calme et la liberté. »

La messe terminée, le père se rend à la sacristie et il entend de nouveau la phrase : « Consacre ta paroisse au très Saint et Immaculé Cœur de Marie ». Ces paroles se présentaient sans cesse à son esprit. Et il se dit que ce serait un acte de dévotion à la Sainte Vierge qui pourrait avoir un bon effet.

Rentré chez lui, le père Des Genettes se met à composer les statuts de la future association. Une fois rédigés, il les soumet au jugement et à l'approbation de l'archevêque monseigneur de Quélen le 10 décembre.

L'archevêque lui permet de commencer les prières et les exercices dès le lendemain.

Le 11 décembre, le père annonce durant la messe où il y a 10 personnes que le soir à 19h, il célèbrera un office de dévotion pour implorer de la miséricorde divine, par la protection du Cœur de Marie, la grâce de la conversion des pécheurs.

Le soir, il arrive à l'église sans grande espérance et trouve environ 500 personnes réunies !

Le registre de l'association est ouvert le 12 janvier 1837 et l'extension est fulgurante. Dix jours après, 214 associés étaient inscrits.

Le Manuel de l'association est largement diffusé en 1839 par les prêtres, les séminaristes en France et à l'étranger. Il y a des prêtres, en particulier des Lazaristes des Missions Étrangères qui vont diffuser ce Manuel aux séminaristes du lieu, et aussi à la communauté des Jésuites.

Aussi, dès le printemps 1837, l'abbé Des Genettes a l'idée d'ériger l'association en Archiconfrérie nationale. Il prie monseigneur de Quélen de solliciter le Saint-Père pour obtenir cette autorisation mais l'archevêque refuse !

Il faut dire que dans le dos du père Des Genettes, il y avait des critiques et des fausses accusations. Mais mis au courant, il dit : « Qu'on dise de moi ce qu'on voudra, peu importe, ce n'est pas de moi qu'il s'agit, ce n'est pas ici mon œuvre, c'est celle de la Sainte Vierge, et elle saura bien la faire malgré eux. »

Le père ne se décourage pas, il entre en contact avec le Vatican par l'intermédiaire de deux cardinaux qui lui promettent leur soutien puis qui se désistent.

La solution viendra de la princesse Borghèse qui avait entendu parler des prodiges accomplis à Notre-Dame-des-Victoires. Elle sollicite une audience auprès du pape Grégoire XVI et lui dépose la supplique du père Des Genettes.

Jusqu'au moment où l'Archiconfrérie a été établie le 24 avril 1838 de la part de la volonté du pape Grégoire XVI, l'association du Saint et Immaculé Cœur de Marie n'avait été exposé qu'à des railleries qui tendaient à ridiculiser sa dévotion et ses exercices.

Depuis l'apparition du Manuel de l'Archiconfrérie en 1839, aux moqueries sont venues s'ajouter les injures, les mensonges, les calomnies spécialement dirigées contre le père Des Genettes qui dit : « Rien de tout cela ne nous a effrayé, ni étonné, nous nous y attendions. L'Archiconfrérie fait la guerre à Satan, elle lui arrache des victimes. Il est naturel que Satan lui rende guerre pour guerre. On s'attaque à forte partie quand on s'attaque à Marie ».

À l'affiliation à l'Archiconfrérie est associé le port de la Médaille Miraculeuse. Elle est toujours recommandée aujourd'hui.

Dès les premiers mois de 1839, le père fait son mea culpa, et commence à dire des prières pour les malades et les affligés.

Dans quel but est fondée l'Archiconfrérie et pourquoi elle est toujours présente aujourd'hui ?

Je cite, le père Des Genettes : « Honorer le Saint Cœur de Marie car c'est en ambassadrice de Jésus qu'elle est descendue parmi nous. C'est à Jésus qu'elle veut nous ramener. Implorer la puissance de sa protection, tel était le but des hommages des anciennes associations.

L'Archiconfrérie embrasse de toute la puissance de ses sentiments, ses vœux et ses hommages. Elle y ajoute un autre vœu, à celui de la conversion des pécheurs, le salut des malades, et la consolation des affligés.

Nous pouvons dire que le père Des Genettes fait amende honorable car il était à l'écoute de la Vierge Marie.

Il écrit encore : « On nous adresse des suppliques pour les présenter au Cœur de Marie. Ce sont des pères, des mères qui demandent la conversion, la guérison d'un enfant. Des époux désolés, des enfants qui prient pour leurs parents, des amis pour leurs amis. Ces vœux sont offerts à Marie et notre mère compatissante y répond par des bénédictions, des guérisons, trop souvent répétées pour que nous puissions les énumérer.

Une fois cette nouvelle source de grâce révélée, nous sentions qu'il ne nous était plus permis d'accepter de nos vœux, de soustraire à la protection de Marie, aucune des misères appartiennent à notre nature.

Aussi, depuis ce moment, nous joignons aux cris plaintifs que nous poussons en faveur des pécheurs, nos tendres supplications pour nos frères malades. Nous gémissons avec les affligés. Nous demandons des grâces pour ceux qui les désirent et qui en ont besoin et nous conjurons la mère du Dieu vivant à qui a été donné la puissance d'écraser la tête du serpent infernal, de conjurer, d'apaiser les tentations qui tourmentent et profanent les cœurs des enfants de Dieu.

Nous ne craignons pas de trop demander. Le cœur de Marie est si grand, si large, si riche et si plein de bénignité ! »

Depuis ce temps-là, les conversions, les guérisons, les consolations affluent ici dans ce sanctuaire marial. Les ex-voto au nombre de 37 224 à ce jour, en témoignent.

Et ce n'est pas fini. Les guérisons obtenues surviennent au cours de la célébration de l'eucharistie, durant ou après la communion, également à la fin d'une neuvaine à Notre-Dame-des-Victoires.

Au 21e siècle, chaque premier samedi du mois, l'Archiconfrérie continue sa mission en louant le seigneur, en l'adorant, en intercédant pour la conversion des pécheurs et la guérison des malades.

Le deuxième samedi du mois, l'Archiconfrérie est associée à la prière des frères dont ses membres et toute l'assemblée prient pour les hommes et les femmes, souvent en difficulté de toute sorte.

Ils viennent rencontrer des frères et sœurs formés à l'écoute pour partager leurs difficultés et pouvoir ressentir du réconfort par des conseils, mais surtout être portés par la miséricorde de leurs semblables.

L'Archiconfrérie y a pleinement sa place selon les vœux de son fondateur car sa mission est de prier, d'intercéder pour ceux qui sont loin de Dieu, mais aussi pour les hommes et les femmes qui souffrent dans leur corps, leur cœur et leur âme.

Les autres samedis, nous prions pour les familles, le 4e samedi pour les vocations et le 5e samedi, s'il y en a, pour la paix.

L'écrivain Joseph de Maistre écrivait dans « Les soirées de Saint-Pétersbourg » : « Le châtiment peut être prévenu par nos ferventes supplications ou par celles d'amis qui s'intéressent à notre sort ».

Le cardinal de Bérulle disait : « C'est par l'amour qu'on passe à la lumière et non point par la lumière qu'on passe à l'amour. Il faut aimer, il faut prier.

L'Archiconfrérie impose l'humilité à ceux qu'elle reçoit par son objet, la conversion des pécheurs et la guérison des malades. Elle réveille en eux la charité chrétienne et fraternelle par ses conditions elle en exige la prière, par ses fruits elle excite la reconnaissance et l'amour, l'amour à son tour ranime les esprits et les cœurs dans la vérité et la vie ».

Aussi, notre cher curé, parlait de mission et il avait vu juste. Notre-Dame-des-Victoires et son Archiconfrérie a attiré et attire encore les foules de toutes conditions, de tous âges, célèbres comme Ampère, Pasteur, le général Gouraud, le général De Gaulle, saint Jean Bosco, sainte Thérèse de l'Enfant-Jésus, le futur pape Pie XI, le futur saint Jean XXIII et tant d'autres anonymes, tel le commandant Marceau. Il était capitaine de frégate et s'est converti le 8 octobre 1841 par la Médaille Miraculeuse et les prières de l'Archiconfrérie. Il exercera un ministère quasi-sacerdotal et sa charité rayonnera jusqu'aux missions d'Océanie. Son exemple est significatif du rôle missionnaire de l'Archiconfrérie.

Le pape Grégoire XVI était prophétique en dérogeant aux habitudes romaines et dépassant une supplique que les cardinaux eux-mêmes trouvaient excessive, étendit spontanément au monde entier la petite association fondée pour une paroisse parisienne.

Dès les premières années, l'Archiconfrérie franchit les frontières de l'hexagone grâce aux prêtres missionnaires des Missions

Étrangères de Paris et autres congrégations qui répandent le Manuel de l'Archiconfrérie dans tous les continents.

En France, de nombreux sanctuaires marials, dont Pontmain, Pellevoisin, l'île Bouchard, Notre-Dame de Fourvière, rejoignent l'Archiconfrérie.

À l'étranger, toutes les nations de l'Europe, plusieurs états des deux Amériques, diverses contrées de l'Asie, de l'Afrique, de l'Océanie se partagent les autres.

En Algérie, les églises d'Alger, Oran, Constantine, Bône et d'autres s'affilient. Au Moyen-Orient, on y trouve l'Irak, la Syrie, la Turquie, la Palestine, l'Égypte, le Liban.

En Europe, Notre-Dame-des-Victoires est à Rome. Non seulement dans les institutions françaises de Saint-Sulpice et de Santa-Chiara, mais encore au Vatican.

Divers souverains pontifes ont témoigné à Notre-Dame-des-Victoires leur piété, confiance et prédilection.

Des nations protestantes telles que l'Angleterre, la Suède, ont fondé de nombreuses confréries. L'Angleterre fut un sujet de prédilection de l'abbé Des Genettes où des confréries se multiplièrent grâce à un anglican converti : le révérend George Spencer. Il est devenu religieux dans l'ordre des passionnistes, plus connu sous le nom de père Ignace de saint Paul est mort le 1er octobre 1864. Il a dit : « Cœur Immaculé de Marie, trésor de miséricorde. Achevez votre œuvre par votre puissante intercession, hâtez la conversion complète de notre pays ».

Un ex-voto a été placé dans la chapelle de la Vierge par trois anglais convertis. En voici le texte : « Reconnaissance à Notre-

Dame des Victoires aux pieds de laquelle tant de prières ont été faites depuis le mois d'octobre 1837 ».

Et que dire de l'Irlande, de la Pologne, dont tant de Polonais sont venus dès les premiers temps dans ce sanctuaire proclamer par un bel ex-voto leur confiance en Marie, reine de la Pologne, et que Notre-Dame de Cracovie ait adopté Notre-Dame des Victoires.

Fondée au départ pour la conversion des pécheurs, cette petite association devenue Archiconfrérie universelle, contribue à l'évangélisation dans le monde entier.

Aujourd'hui, le secrétariat de l'Archiconfrérie reçoit autant de demandes d'affiliations de l'étranger que de la France.

Parmi les plus importants, citons les États-Unis, le Brésil, le Chili, la Corée et divers pays européens comme le Portugal. L'Italie, l'Espagne, l'Allemagne.

À chaque instant dans le monde, les membres de l'Archiconfrérie invoquent le Cœur de Marie pour la conversion des pécheurs pour la guérison des malades et le secours aux affligés. C'est une chaîne ininterrompue de prières que déverse tous les associés répandus dans le monde, en lien bien sûr avec la maison mère qui est à Notre-Dame-des-Victoires.

Les membres de l'Archiconfrérie prient Marie pour ceux qui se sont éloignés de Dieu, qui sont souffrant dans leur corps et leur âme, tous ceux que les épreuves de la vie accablent.

Et à Notre-Dame-des-Victoires, les agitations s'apaisent, les douleurs se calment, les blessures du cœur cicatrisent. L'espérance renaît, la force rentre dans l'âme abattue.

Halte sainte qui permet de reprendre haleine et de puiser dans le cœur d'une mère du courage pour affronter de nouvelles épreuves et combats.

Le commandant Auguste Marceau

Parmi les nombreux trophées de Notre-Dame-des-Victoires, il en est un qui proclame la toute-puissance miséricordieuse de la Vierge Marie. Auguste Marceau, capitaine de frégate, que ses talents, ses vertus et ses œuvres ont rendu célèbre dans toute la France du 19e siècle.

Il fut aussi une des conquêtes de l'Archiconfrérie du Saint et Immaculé Cœur de Marie, fondée par l'abbé Des Genettes, et dont Notre-Dame-des-Victoires est le centre.

Auguste François Marceau est né le 1 mars 1806 à Châteaudun, dans l'Eure-et-Loir. Son père était le sous-préfet de la ville.

Il est baptisé deux mois après sa naissance mais élevé en dehors de la foi chrétienne.

À l'âge de 18 ans, il est admis à l'école Polytechnique, où il découvre le Saint-Simonisme. La doctrine de Claude Henry de Saint-Simon (1760-1825) se proposait de transformer la société et d'établir le bonheur de l'homme grâce à l'industrie. Le développement économique étant censé aller de pair avec le progrès moral et intellectuel.

Saint-Simon souhaitait remplacer l'idée abstraite de Dieu par la loi universelle de la gravitation et fonder une religion de la science. Avec les Saint-Simoniens, Auguste développe son intérêt pour les questions sociales mais dans une optique sectaire et anticléricale.

Sa brillante intelligence associée à un caractère fort le remplit d'orgueil. Il se livre à des études approfondies sur la machine à vapeur dont il devient un spécialiste.

À sa sortie de Polytechnique, bien que n'ayant pas d'attrait particulier pour la mer, il choisit la Marine. En 1826, il embarque sur la corvette la Bayonnaise pour une croisière militaire autour du monde.

En 1829, il participe à la campagne de Madagascar et sauve une troupe de marins pris dans une embuscade. Ce qui lui vaut de recevoir la Légion d'honneur à l'âge de 23 ans.

En 1832, il part en expédition en Afrique du Nord sur la Robure puis passe sur le Sphynx, premier navire à vapeur de haute mer dont il améliore le fonctionnement.

Il participe à l'expédition scientifique qui ramène à Paris l'obélisque de Louxor, offert à la France par le vice-roi d'Égypte. Celui-ci sera installé place de la Concorde.

En 1835, commandant l'aviso à vapeur l'Africain, Auguste participe à la campagne du Sénégal où il est heureux de se voir maître de la technique de son bateau et du maniement des hommes.

Mais il est atteint par le paludisme et on le rapatrie à Brest, presque mourant. Une cousine l'accueille chez elle, au Mans. Elle place à son chevet une médaille de la Sainte Vierge et fait prier pour lui l'Archiconfrérie du Cœur Immaculé de Marie.

Six mois plus tard, Auguste est rétabli. Sa cousine lui offre la médaille de Marie qu'il jette avec indifférence parmi ses affaires.

Peu après, il se voit confier le vapeur le Minos, chargé du service des postes. Il améliore le fonctionnement des chaudières et donc la vitesse du bateau. Grâce à ses réflexes, il évite au navire une explosion qu'aurait pu provoquer la négligence d'un matelot. Exigeant et ponctuel pour le service, excellent officier de Marine,

Marceau est pourtant mal noté en raison d'une certaine arrogance envers ses supérieurs. D'autant plus qu'il est davantage compétent que la plupart de ses interlocuteurs au sujet des machines à vapeur.

En dehors du service, il s'étourdit dans une vie mondaine et débauchée, blasphémant volontiers. Il garde toutefois une certaine honnêteté et un désir de connaître la vérité.

Il était tellement endurci dans son incrédulité, qu'au milieu d'une tempête où il se vit sur le point de périr, le souvenir de Dieu, la pensée du ciel et de l'enfer, le moindre doute sur ce qui attend l'homme après sa mort, ne vinrent même pas effleurer son âme. Il pensa seulement à sa mère avec tendresse.

Il blasphémait si souvent le nom du Seigneur, que cette habitude paraissait tenir de la rage et était devenue comme un besoin pour lui. Plusieurs de ses amis s'en étonnaient.

Il lui arrivait assez souvent de dire qu'il étudiait, qu'il cherchait, qu'il n'admettait rien avant d'être convaincu. Mais il ne voulait pas que le catholicisme entrât en ligne de compte avec les systèmes de philosophie qu'il fouillait avidement. Il préférait même le Coran à l'Évangile.

L'ambition paraît avoir été un des entraînements les plus violents de son âme. Il ne regardait aucun emploi dans la Marine comme au-dessus de son mérite et de sa capacité. Cette persuasion lui donnait une exaltation d'orgueil et lui inspirait un mépris pour les autres.

« Je ne sais pas ce que je n'aurais pas fait pour mériter le regard d'un chef », disait-il plus tard. Il refusa même de voir le roi Louis-Philippe.

« Il faudra bien que mon nom sorte un jour ». À bord, il était dur et intraitable avec son équipage. Un marin l'appelait la terreur des matelots.

À la moindre occasion, on voyait éclater son caractère emporté. Tel fut pendant de longues années le commandant Marceau, sous le rapport religieux.

Un témoin, le capitaine de frégate Du Couédic, était ami de Marceau et il le recommandait sans cesse à l'Archiconfrérie. « Mais enfin, qu'est-ce donc que votre ami Marceau ? C'est Satan en personne sur la terre. Convertissez-le et vous verrez le bien qui en résultera. » lui dit l'abbé Des Genettes.

Peu de temps après, Du Couédic étant revenu à Toulon, rencontra Marceau. Il lui dit d'un air soucieux : « Ça ne va pas aussi bien que de coutume. Des idées fatigantes me traversent la tête. Je me prends à me demander ce que nous sommes venus faire sur la terre ».

Du Couédic s'écria : « Je vois que le bon père Des Genettes n'a pas oublié mes recommandations à l'Archiconfrérie ». Je vous laisse deviner la figure de Marceau en voyant la joie de son ami et en l'entendant prononcer les mots du père Des Genettes et de l'Archiconfrérie qui bien évidemment pour lui, était de l'hébreu.

En 1838, il rejoint l'escadre de la Méditerranée à Toulon. On lui confie le vapeur le Vautour, chargé de surveiller les côtes de l'Algérie. Il apporte quelques améliorations techniques à son vaisseau, malgré les réticences et les critiques de ses collègues.

À partir de 1840, plusieurs conversions de marins éveillent en lui un certain intérêt pour la religion catholique.

Si dans un premier temps, il se montre plutôt railleur et sarcastique, il a aussi remarqué un officier qui visite souvent les malades. Très curieusement, il voit les matelots témoigner à ce dernier un respect particulier. Il sait que c'est un catholique fervent.

Il consentit à lire des livres religieux : « Le Christ devant le siècle et la démonstration évangélique », entre autres.

Les preuves de la résurrection de Jésus à ce moment de sa vie l'écrasèrent. Alors, il dit à l'un des officiers dont les exemples et les paroles l'avaient ému : « J'ai lu, j'ai réfléchi et je crois. Je suis converti. » Son ami lui répondit qu'il ne suffit pas de croire. Il faut pratiquer, prier, se vaincre soi-même.

Mais bien sûr, Marceau ne connaît aucune prière, pas même le « Notre père » ou le « Je vous salue Marie ». Il emprunte discrètement le livre de prières à sa domestique. Il se met aussi à faire souvent le signe de la croix.

En juillet 1841, il se confesse auprès de l'abbé Morin, aumônier de la Marine à Toulon. Au moment de recevoir l'Eucharistie, une vive tentation l'assaille contre la réalité de l'hostie sacrée. Après la communion, il se plaint à la Sainte Vierge de ne pas éprouver davantage de dévotion. Alors soudainement son cœur se dilate et des larmes inondent son visage. Il a 35 ans.

À l'un de ses amis qui l'interroge sur sa conversion, il répond : « J'ai fait ce que vous m'avez dit : j'ai lu, j'ai prié et Dieu a fait le reste. »

Il écrivait à sa mère : « Le premier jour où j'essayais de prier, il me vint subitement à l'esprit : et la médaille de la Sainte Vierge ? Ce souvenir était pour moi tout un événement. Il est lié à la grande maladie que je fis en 1836. Lorsque je revins mourant du Sénégal, on me transporta de Brest au Mans, chez notre parente. Elle fit mettre dans mon lit une médaille bénite. Lorsque je fus guéri et qu'après un congé de six mois, je revins lui faire mes adieux, avant de partir pour l'Orient, elle me remit une médaille de la Sainte Vierge, en me priant de la conserver. Et je la mis au milieu de mes hardes, elle y est toujours restée et m'a suivi partout. J'allais tout de suite au tiroir de mon secrétaire dans lequel elle était ensevelie. Je la mis au cordon de ma montre et je la portais sur moi.

Puis quel n'a été n'a pas été mon étonnement lorsque, lisant un certain livre intitulé « Manuel de l'Archiconfrérie du Saint et Immaculé Cœur de Marie », j'ai vu que cette association a été fondée à Notre-Dame-des-Victoires à Paris, à la même époque où je tombai malade.

Les prières des associés ont obtenu des miracles de conversions et de guérisons, et tous ceux qui en sont membres doivent porter la médaille dite miraculeuse. Pour moi, il n'y a pas le moindre doute, j'ai été protégé par la Sainte Vierge et c'est à elle que je dois le changement qui s'est opéré en moi.

Cette protection, je la dois encore aux prières des membres de l'Archiconfrérie dont je faisais partie grâce à notre parente.

Aussi n'ai-je pas hésité à écrire tout de suite à Paris pour me faire inscrire parmi les membres de l'association ».

Effectivement, je l'ai retrouvé sur le registre, le commandant Marceau s'est inscrit à l'Archiconfrérie le 21 octobre 1842. Et dès ce moment-là, il fréquente Notre-Dame-des-Victoires lorsqu'il est à Paris.

La confiance en Marie devient si grande que désormais toutes ses pérégrinations maritimes seront placées sous la protection de Notre-Dame.

Au début de 1842, Marceau rencontre à Nantes le vénérable monsieur Léon Papin Dupont, surnommé « le saint homme de Tours », apôtre de la dévotion à la Sainte-Face de Jésus et de l'adoration eucharistique.

Homme plein de zèle pour les œuvres de charité, c'est le début d'une amitié spirituelle qui s'exprimera à travers une correspondance fournie.

Le sujet principal de leurs lettres est Dieu, mais aussi leurs œuvres mariales et sociales, ainsi que leur attachement à l'adoration eucharistique pour la conversion des pécheurs.

Sous son influence, Auguste se transforme et il manifeste une grande humilité. Il cherche des personnes susceptibles d'avoir avec lui des entretiens spirituels. Le style de ses lettres sèches et conventionnelles avance, sa conversion se transforme, elles respirent maintenant l'affection et la tendresse.

Parmi les premières personnes à qui l'officier s'applique à faire du bien, se trouve sa propre mère qui sous son influence se convertira. Il l'encourage à lire le Manuel de l'Archiconfrérie du Saint Cœur de Marie.

On reproche pourtant à Auguste d'afficher trop publiquement sa foi. Par exemple en participant en uniforme, cierge à la main, à la procession de la Fête-Dieu. Il répond : « J'ai été publiquement incrédule et apôtre, hélas trop éloquent du mensonge. Rien de plus juste que de réparer ce scandale donné à la société. »

La Médaille Miraculeuse, son origine, sa surprenante efficacité pour les mourants de l'âme et du corps. Et pour Marceau, un trésor. Jusqu'à sa dernière heure, Auguste Marceau conservera pour Notre-Dame-des-Victoires un inviolable et filial attachement.

À Paris, il aimait prendre son logement dans un hôtel situé près de l'église. « Je cède à mon attrait en me mettant dans la nécessité de ne pas sortir de chez moi sans voir cette église. »

Parlant des grâces innombrables dont le comblait Marie : « Que la Sainte Vierge m'arrache du naufrage inévitable, me tire des portes de la mort. Sa puissance est au-dessus de tout, mais qu'elle descende à l'égard d'un gredin tel que moi, jusqu'aux attentions et petits soins d'une mère, c'est ce qui me pénètre ».

Un capitaine de vaisseau qui a toujours regardé Marceau comme le principal instrument de sa conversion, racontait que sachant l'heure à laquelle Marceau allait à Notre-Dame-des-Victoires, il s'y rendait aussi.

« Je le voyais là, agenouillé sur la pierre, près de l'autel de Marie, priant avec ferveur et ce spectacle me touchait profondément. Mais j'étais encore trop ignorant des vérités de la religion et l'abbé Des Genettes que sur l'invitation de Marceau, j'allais consulter, m'engagea à acheter le triomphe de l'Évangile et quelques autres livres de religion ».

L'attachement de Marceau pour Notre-Dame-des-Victoires était si notoire, qu'en une grave occasion le ministre de la Marine lui ayant refusé la permission de venir à Paris, disait à un confident : « - Si je le laissais venir, il se monterait la tête et abandonnerait la Marine.

- Amiral, vous ne connaissez pas Marceau. Il n'est pas homme à se monter la tête s'il vient à Paris, il fera une neuvaine à Notre-Dame-des-Victoires et ensuite il prendra le parti que Dieu lui inspirera ».

À cette époque, on craignait que Marceau ne donnât sa démission pour se dévouer exclusivement aux bonnes œuvres, et l'amiral ministre ne voulait pas perdre un officier d'un tel mérite.

En juillet 1842, il est nommé commandant du yacht Royal à vapeur, le comte d'Eu alors en construction. Marceau doit surveiller de près la construction de ce navire qui devait être en quelque sorte une vitrine de la technologie française.

De fait, il signale des défauts substantiels. L'affaire remonte à Paris et à la famille royale. Finalement, le chantier est interrompu. Pour avoir suivi sa conscience, Auguste a perdu une place intéressante et il s'est fait des ennemis dans le milieu de la Marine.

Le 3 mai 1843, il assiste à Toulon au départ d'un groupe de religieux maristes pour l'Océanie sur un bateau du gouvernement. Un évêque du groupe lui fait part des difficultés qu'ont les missionnaires pour trouver des navires qui acceptent de les transporter en Océanie.

Fondés en 1822 à Lyon par le Bienheureux Jean-Claude Colin, les Maristes ont reçu du pape en 1836, la mission d'évangéliser ce continent. Déjà un des de leurs membres, saint Pierre Chanel, est mort en martyr dans cet apostolat.

Au mois de mai 1842, le père Colin avait envoyé un rapport au préfet de la propagation de la foi à Rome, dans lequel il écrivait précisément : « Afin de préparer des peuples d'Océanie à recevoir l'Évangile, il faudrait qu'il y eût au service des missionnaires deux ou trois navires conduits par autant de capitaines chrétiens et dévoués à cette œuvre spéciale ».

Entre 1843 et 1844, Marceau habite Brest où il fonde une conférence Saint-Vincent-de-Paul. En 1845, il fonde avec Marziou, un négociant, la société française de l'Océanie et contribue à trouver des donateurs.

Marceau va jusqu'à Rome où il rencontre le pape Pie IX.

La société compte parmi ses adhérents le pape, le roi Charles Albert de Savoie, 15 cardinaux, 58 évêques, trois princes, une reine, les Borghèse (la princesse est liée à la fondation de l'Archiconfrérie), les De Montalembert, et tant de noms illustres.

Les premières paroles échangées au sujet de cette entreprise se passèrent à Notre-Dame-des-Victoires.

Un navire baptisé L'Arche d'Alliance, fut acheté. Il entra dans le port du Havre. Il portait un pavillon religieux à Croix rouge sur fond blanc. Sa proue portait le buste de la Vierge Marie.

L'abbé Des Genettes célébra la messe le 14 novembre 1845, veille du départ dans l'église de Notre-Dame du Havre, entourée des missionnaires qui allaient s'embarquer et Marceau qui venait de tout quitter pour devenir commandant de l'expédition apostolique.

En quittant Le Havre, monsieur Des Genettes promit à tous le secours des prières de l'Archiconfrérie, il leur dit : « Vous ne devez réussir que par elle et tout en comptant sur une protection spéciale de Marie. Vous devez vous attendre à des épreuves, les prières qui seront faites pour vous, vous mériteront cette grâce. Comptez-y, mes prévisions se réaliseront dès après-demain ».

Deux furieuses tempêtes assaillirent bientôt le navire. Le commandant leur promit le beau temps pour la prochaine fête de l'Immaculée Conception. Le jour de la fête, la journée fut magnifique, on déploie toutes les voiles et on chante en l'honneur de la Vierge Marie. « Tout est chrétien, tout est catholique sur l'Arche d'Alliance », écrivait un témoin oculaire. « Sur la proue, c'est la statue de Notre-Dame des Sept-douleurs, au fond de la Chambre, c'est l'image de Notre-Dame de l'Espérance et sur le pavillon, c'est la Croix. Puis quel ordre, quelle tranquillité dans l'équipage. Monsieur Marceau assiste tous les jours à la messe, fait ses deux méditations. Et que le temps soit favorable ou non pour la navigation, c'est toujours chez lui la même douceur et la même affabilité ».

Dans le navire y ont pris place 12 religieux maristes. Plusieurs laïcs, divers animaux de ferme. On emporte aussi de la poudre à canon confiée par le gouvernement pour Tahiti.

Parti de Nantes, le navire descend l'Atlantique pour passer au sud du continent américain par le détroit de Magellan.

Le 7 avril, il est au Chili, à Valparaiso. Une semaine plus tard, il repart pour les îles Marquises qu'il atteint après 40 jours de navigation. Aux yeux de Marceau, le navire est un monastère flottant en marche vers la sainteté, auquel il doit donner lui-même l'exemple.

À bord, on respecte un horaire quasi monastique avec prière du matin, menée par le commandant et prière du soir, chapelet, messe, conférences spirituelles. La fête de Noël est célébrée en mer.

Le commandant Marceau attribuaient tout à Marie : « Ce n'est pas moi, ce n'est pas le gouvernail qui dirige l'Arche, c'est elle ». Et il montrait du doigt la statue de la Sainte Vierge.

Dans un péril extrême que courut le navire, il conserva son calme et dit à l'équipage, laissez-faire la Sainte Vierge, elle nous tirera de là. D'étape en étape, le navire arrive en Océanie.

Marceau est heureux, il a rempli sa mission. Il voudrait maintenant pouvoir aider de son mieux les missionnaires à s'installer dans les îles.

Le navire se rend dans l'archipel des îles Samoa puis à Wallis. Il arrive à Futuna où Marceau ressent une grande émotion lorsqu'il voit un prêtre monter à l'autel pour la messe, revêtu de la soutane du père Chanel encore tâchée de sang.

L'Arche met ensuite le voile en direction de la Nouvelle Calédonie, puis elle arrive aux îles Salomon.

Marceau avait inspiré à ses hommes la dévotion en la Médaille Miraculeuse, il leur disait : « Il n'arrivera aucun mal à tous ceux qui prendront cette médaille de l'Immaculée Conception. J'en fais clouer une à l'avant de l'Arche d'Alliance, une autre dans le canot ».

Malgré de grosses difficultés financières, Marceau envoie en France un rapport optimiste. Il navigue encore en Océanie pendant quelques mois, puis rentre en France. Lors de ce voyage de retour, il se plonge dans la lecture du traité de la vraie dévotion à la Sainte Vierge de Saint Louis-Marie Grignion De Monfort et se consacre à Jésus par Marie.

Désormais, il signera ses courriers du titre du serviteur de Marie, puis serviteur de Marie Immaculée.

Au large de Gorée au Sénégal, l'Arche est emportée par de forts courants marins vers des bancs de sable où elle risque de s'échouer. Marceau et ses passagers invoquent Marie et le bateau est sauvé. Trois navires de guerre étaient venus à son secours. Leurs équipages félicitent Marceau qui leur répond : « Dieu nous a sauvés par l'intercession de celle qu'on n'a jamais imploré, en vain ».

À la mi-juillet 1849, l'Arche parvient à Brest. Depuis son départ en novembre 1845 jusqu'à son retour dans ce port, l'Arche a failli sombrer ou s'échouer 11 fois.

Auguste reçoit un accueil plutôt froid à Brest. Son expédition a été très longue et elle est en déficit financier. Le pape le fait alors chevalier de Saint-Grégoire-Le-Grand. Marceau n'a qu'une idée, repartir. Mais la révolution de 1848 porte un coup fatal à la société qui devra bientôt se dissoudre. La santé de Marceau est atteinte par un cancer des os. Il accueille ce mal en s'abandonnant au Seigneur et connaît une nouvelle nuit spirituelle que le livre de Saint Alphonse de Liguori, « Le grand moyen de la prière », l'aide à traverser.

Il se retire à Lyon en décembre 1850, dans la maison-mère des missionnaires Maristes et s'agrège au Tiers-Ordre. Il songe à devenir prête, mais sa santé ne lui permet pas. Il se rend à Saint-Symphorien, près de Tours, chez sa sœur et y rencontre à nouveau monsieur Dupont.

Le 1 février 1851, il est pris de crises d'asphyxie, quelques heures avant sa mort, parlant de sa mission en Océanie avec l'Arche d'Alliance, il déclare : « C'est le grain de sénevé le bon Dieu le fera croître en son temps. C'est beaucoup qu'il soit semé ».

Après avoir reçu les derniers sacrements, il s'éteint paisiblement.

L'Adoration Nocturne

Le développement eucharistique a toujours coïncidé avec des époques troublées pour mieux manifester la miséricorde de Dieu.

L'exposition mensuelle du Saint-Sacrement à Notre-Dame-des-Victoires est antérieure à l'institution de l'adoration perpétuelle. Le père Lacordaire inaugura à Notre-Dame de Paris la première adoration perpétuelle dans le diocèse de Paris le 1 décembre 1850.

Avant cette époque, plusieurs paroisses de la capitale avaient l'habitude d'exposer le Saint-Sacrement une fois tous les mois, à jour fixe.

L'église de Notre-Dame-des-Victoires s'était réservé le premier jeudi de chaque mois.

Lorsque l'adoration perpétuelle fut partout régulièrement établie, l'adoration mensuelle fut supprimée dans la plupart des églises.

Toutefois l'abbé Des Genettes obtint de conserver le privilège accordé précédemment, à cause du sanctuaire exceptionnel dont il était le pasteur.

L'association a un sanctuaire particulier à Notre-Dame-des-Victoires où l'adoration de nuit se pratique à certaines époques déterminées. Ce sanctuaire est le berceau de l'œuvre.

L'adoration nocturne s'est établie en France dans un moment de crise sociale en 1848. Elle a été conçue par un jeune artiste pianiste, qui était élève du célèbre compositeur Franz Liszt. Il s'appelait Hermann Cohen, il était de confession juive et se convertit à la foi catholique quelques années plus tard. Il entra dans l'ordre des Carmes déchaux au Carmel du Broussey et mourut à Berlin en 1871. Sa cause de béatification a été ouverte par le diocèse de Bordeaux il y a quelques années.

Un soir qu'il était en prière dans la chapelle des Carmélites de la rue d'Enfer, on vint lui dire de se retirer parce qu'on allait fermer les portes. Cependant, l'exposition du Saint-Sacrement continuait et quelques dames restaient là pour passer la nuit en adoration.

Son cœur fut saisi d'un ardent désir d'imiter cet exemple. Il s'en ouvrit à l'abbé de la Bouillerie, qui était alors vicaire général de Paris. Celui-ci avait établi depuis quelques temps avec une autre personne une association pour l'adoration nocturne chez soi. Les membres de cette association, hommes ou femmes, se levaient tour à tour la nuit, une fois par mois, à une heure fixe pour adorer le Seigneur.

Hermann Cohen n'eut pas de peine à obtenir l'adhésion et l'appui du père de la Bouillerie. Il se mirent à l'œuvre et bientôt ils arrivèrent à réunir 23 hommes. C'est ainsi que débuta l'œuvre de l'adoration nocturne, une des plus importantes du diocèse de Paris, répandue dans de nombreux diocèses.

La première nuit d'adoration eut lieu le 6 décembre 1848. Un ex-voto en témoigne, placé dans la chapelle de Saint-Augustin, sur le pilier de gauche.

Deux autres nuits suivirent les 20 et 21 du même mois. Elles se firent toutes trois dans le sanctuaire de Notre-Dame-des-Victoires à l'autel privilégié de l'Archiconfrérie qui vient sur l'autel de la chapelle de la Sainte Vierge.

Cette coïncidence doit être remarquée, car tous les progrès de l'association sont partis de Notre-Dame-des-Victoires. L'abbé Des

Genettes, curé de la paroisse, avait proposé son église, qui avait été acceptée avec empressement.

Bientôt le nombre des assistants fut assez élevé pour que l'on pût passer 4 ou 5 nuits par mois. Comme ces veillées répétées pouvait déranger le service paroissial de Notre-Dame-des-Victoires, on choisit pour lieu de réunion la chapelle des pères Maristes, rue du Montparnasse. Toutefois, la nuit du mercredi au premier jeudi de chaque mois fut réservée à Notre-Dame-des-Victoires.

L'œuvre se déployait dans le calme et la joie, lorsqu'arriva le moment des épreuves. L'abbé Des Genettes avait mesuré l'importance de cette association. Il la soutenait seul, encourageait les membres à la persévérance et leur ouvrait les portes du sanctuaire toutes les fois qu'ils désiraient se réunir. Ce qui avaient lieu de temps en temps, mais sans régularité.

En 1851, quand l'association, après une longue interruption, voulut célébrer l'anniversaire de sa fondation en passant une nuit à Notre-Dame-des-Victoires, elle ne réunit que neuf adorateurs. Mais il ne se découragèrent pas et convinrent que toutes les prières de cette nuit n'auraient qu'un but, le rétablissement de l'adoration nocturne. Ils prièrent beaucoup et cela porta ses fruits. Notre-Dame-des-Victoires avait reçu l'œuvre à sa naissance, elle obtenait de Dieu sa résurrection.

Mais qu'allait faire l'œuvre ? Reprendre ses anciens usages quelques nuits par mois dans le but de satisfaire une dévotion individuelle et privée ?

L'adoration des 40 heures pendant le jour était établie depuis un an. Réunir les deux œuvres de manière à rendre l'adoration réellement perpétuelle, telle est la pensée qui vint aux membres de l'association.

Petit rappel historique : En 1527 à Milan, Jean-Antoine Bellotti institua les 40 heures chaque trimestre, mais c'est saint Antoine Marie Zacharie qui passe pour être le vrai fondateur de cette chaîne ininterrompue de prières, suivant les mots de Clément VII dans la constitution au monde entier.

Pourquoi 40 heures ?

Le nombre 40 est cité presque cent fois dans la Bible. Le plus souvent, il symbolise une plénitude de vie ou une durée idéale et désigne une génération.

Ainsi le déluge se déroula dans une quadruple série de 40 jours (Gén. 7). Moïse demeura pendant 40 jours et 40 nuits en présence de Dieu. Le temps du désert pour Israël fut de 40 ans, temps de présence prévenante de Dieu, mais surtout temps de l'épreuve. Jésus jeûna 40 jours et 40 nuits. Et l'ascension a eu lieu 40 jours après la résurrection.

Durant ces 40 heures, se déroule la messe suivie d'une procession et de l'exposition du Saint-Sacrement.

Au terme de ces 40 heures, une messe pour la paix est célébrée. Cette pratique est à l'origine de l'adoration perpétuelle.

L'association à Notre-Dame-des-Victoires se composait de neuf membres.

Que pouvaient faire ces neuf membres qui s'étaient retrouvés avec tant de peine ? Comment cette nouvelle apparition de l'œuvre serait-elle accueillie ? Qui ouvrirait à cette association si faible les portes des sanctuaires ?

On comptait sur l'abbé Des Genettes, bien entendu. On avait la promesse de l'abbé Bourgoin, curé de Saint-Augustin. On espérait en deux autres paroisses.

Mais Dieu veillait sur l'œuvre. On commença le 31 décembre 1851 à Notre-Dame-des-Victoires. On passa huit nuits dans le mois de janvier 1858, 17 dans le mois de février et à la fin de l'année ecclésiastique, l'adoration nocturne avait été faite dans 44 sanctuaires dont 25 paroisses. Parmi ces dernières, cinq appartenaient à la banlieue parisienne.

Cependant, l'association n'avait pas encore assez acquis de force et de régularité pour être reconnue et appuyée par l'autorité ecclésiastique. Il fallait donc conquérir les sanctuaires un à un. Les associés se présentaient à un curé que le plus souvent ils ne connaissaient pas et dont ils n'étaient pas connus. Ils lui demandaient de ne pas se retirer après l'office du soir, alors que jusque-là rien de semblable n'avait eu lieu ; et de confier son église pendant toute la nuit à quelques hommes étrangers à la paroisse.

Il fallait également recruter pour faire face à l'entreprise nouvelle et ce n'était pas la moindre difficulté. Les esprits étaient si peu préparés à l'adoration nocturne, que les hommes les plus chrétiens ne la considéraient que comme une exagération de la piété.

Les préventions des premiers temps se dissipèrent assez vite et deux ans ne s'étaient pas écoulés que toutes les classes de la société rejoignaient avec ferveur cet hommage au roi des rois. L'œuvre avait repris une nouvelle vigueur en se soudant à l'adoration des 40 heures récemment établie à Paris. Ce puissant élément de force lui venait de Rome car c'est à Rome que cette institution avait pris son modèle et que monseigneur Sibour, archevêque de Paris, avait conçu la première pensée de sa fondation.

En 1849, monseigneur Sibour se rendit à Rome. En entrant dans l'église des Lombards dédiée à Saint-Charles Borromée, il découvrit au milieu des dorures le Saint-Sacrement exposé.

Il manifesta aussitôt le désir d'emprunter à Rome s'il le pouvait, cette belle dévotion du Saint-Sacrement.

Une assemblée générale se tint à Notre-Dame-des-Victoires le 3 novembre 1852. L'abbé de la Bouillerie rappela le but de l'œuvre, ses obligations et ses avantages. Un nouveau règlement fut adopté, ce fut un règlement de transition. Il y était dit que les associés avaient deux obligations : la première, de faire l'adoration nocturne dans le sanctuaire spécial de l'œuvre qui était toujours Notre-Dame-des-Victoires. La deuxième, de propager l'adoration nocturne dans les églises de Paris à l'époque des 40 heures.

L'adoration au sanctuaire de Notre-Dame-des-Victoires était la pratique spéciale. La nuit mensuelle du mercredi au premier jeudi, y était maintenue.

Jusqu'en 1860, il n'y avait eu que deux nuits d'adoration dans chaque sanctuaire. Les exercices des 40 heures commençaient le matin du premier jour pour terminer le soir du troisième jour, de sorte que la nuit qui séparait deux sanctuaires consécutifs soit sans exposition et par conséquent sans adoration. Cette lacune comblée, l'adoration devenait perpétuelle.

Monsieur l'Abbé Le Rebours obtint du cardinal Morlot, archevêque de Paris, pour les curés qui le désiraient, l'autorisation de faire l'exposition du Saint-Sacrement le soir et la veille du jour indiqué sur la liste, et de la faire suivre de l'adoration nocturne. Cette innovation commença à Notre-Dame-des-Victoires le 29 décembre 1860 et se propagea rapidement.

En 1862, 105 sanctuaires firent les trois nuits. De là à l'entier accomplissement de l'œuvre, il n'y avait qu'un pas. Il fut franchi dans le courant de l'année 1863.

Un pieux usage qui date des commencements de l'œuvre où chaque année fut célébrée avec une solennité particulière la nuit du 31 décembre au premier janvier à Notre-Dame-des-Victoires. Cette adoration débutait à 23h30. Tous les adorateurs se réunissaient au pied du Saint-Sacrement.

Après un quart d'heure de recueillement à 23h45, tous ensemble, récitaient le « te deum » et le « magnificat » en Action de grâces pour les bienfaits reçus pendant l'année qui va finir. Le « miserere » en expiation de toutes les fautes commises et le « de profundis » pour tous les confrères décédés.

Au coup de minuit, tous se prosternaient en adoration. Après quelques instants de silence, ils répétaient par trois fois en l'honneur de la sainte Trinité : « sit nomen domini benedictum ex hoc nunc » et « usque in soeculum », que le nom du Seigneur soit béni dans tous les siècles.

Et puis le directeur de la nuit récitait au nom de tous, la prière suivante : « Ô mon Dieu, une nouvelle année commence, daignez nous bénir et remplir notre cœur de votre saint amour et d'une vraie charité pour nos frères. Soyez toujours présents à notre esprit et à notre cœur pour sanctifier toutes nos actions. Accordez-nous tous les biens de l'âme et du corps dont nous avons besoin pour arriver à la possession du céleste héritage. Consolez les affligés, soulagez les malades, et surtout, ô mon Dieu, convertissez les pécheurs ».

Après cette prière, tous les adorateurs récitaient le « veni creator » afin d'attirer sur eux les grâces nécessaires pour bien passer l'année qui commençait.

Et aussi la prière de madame Élisabeth, sœur du roi Louis XVI guillotinée en 1794 : « Que m'arrivera-t-il cette année ô mon

Dieu ? Je n'en sais rien. Tout ce que je sais, c'est qu'il ne m'arrivera rien que vous n'ayiez prévu, réglé, voulu, ordonné de toute éternité, cela me suffit. J'adore vos desseins éternels et impénétrables. Je m'y soumets de tout mon cœur pour l'amour de vous. Je veux tout, j'accepte tout. Je vous fais un sacrifice de tout. Et j'unis ce sacrifice à celui de mon divin sauveur. Je vous demande en son nom et par ses mérites infinis, la patience dans mes peines et la parfaite soumission pour tout ce que vous voudrez ou permettrez ».

Enfin, on terminait par le « sub tuum » pour se mettre sous la protection de la Sainte Vierge. Et chacun reprenait sa place dans la salle de repos, ne laissant en adoration que les membres désignés par l'ordre des exercices.

L'œuvre de l'adoration nocturne va continuer au fil des années, malgré deux guerres au cours du 20e siècle. Elle sera plus ou moins mise en sommeil au cours des 50 dernières années. Cependant, depuis quelques années, elle revit chaque premier samedi du mois à Notre-Dame-des-Victoires.

Monsieur Cyrille de Mont de Benque

Cyrille de Mont de Benque naquit le 27 janvier 1821 à Aurignac dans la Haute-Garonne. Il fit ses études à Toulouse. La première communion laissa en lui une impression profonde et son souvenir l'aidera à une heure critique à retrouver la foi ardente qui alimentera sa vie.

Il se destinait au commerce. Ayant été témoin dans cette profession de procédés contraires à son honnêteté et qui le choquaient, il abandonna son projet, mais cette déception l'avait déconcerté.

Âgé de 24 ans, il demeurait un homme droit et intègre, mais avait cessé toute pratique religieuse. Une de ses parentes, sut ramener la paix dans son cœur. Un prêtre le releva et de cette crise en sortit un grand chrétien.

En 1846, monsieur de Benque entra à la compagnie des assurances générales. Ayant son logement près de Notre-Dame-des-Victoires, il y allait souvent. Il eut à un moment l'idée de la vie religieuse, mais il fut effrayé à la pensée du sacerdoce et s'en jugeant indigne, il resta dans le monde, s'adonnant à diverses œuvres.

Celle qui fit surtout l'objet de ses prédilections, ce fut l'adoration nocturne dont il en a été, sinon le fondateur, du moins l'apôtre et le propagateur. Il connaissait le pianiste virtuose Hermann Cohen, convertit au catholicisme qui, avec l'abbé de la Bouillerie, fonda l'adoration nocturne à Notre-Dame-des-Victoires, le 6 décembre 1848.

Il y avait 23 hommes, dont monsieur de Benque. Bientôt, leur nombre permettait d'assurer cinq nuits dans le mois. Mais comme ces veillées auraient pu déranger le service paroissial, on décida de les faire à la chapelle des maristes, rue Montparnasse.

Plus tard, l'œuvre offrit ses services aux paroisses de la ville et après cela, déborda hors de la capitale. Dans l'intervalle, un comité avait été formé, monsieur de Benque en fut le président et le sera jusqu'à sa mort.

Toutes les œuvres le sollicitaient, il prodiguait des conseils et y participait autant qu'il pouvait. Il était très attaché aux conférences de Saint-Vincent-de-Paul. Il dirigeait le groupe de Notre-Dame-des-Victoires et par la suite fut membre du Conseil général.

Il créa un comité des mariages dont le but était de ramener dans la bonne voie des couples en situation irrégulière. Autres œuvres auxquelles Cyrille de Benque était mêlé, la messe du départ pour appeler les bénédictions de Dieu sur les conscrits, le rétablissement des anciennes confréries du très Saint-Sacrement. Celle de Notre-Dame l'avait mis à sa tête durant la procession des hommes, il précédait la bannière du Sacré-Cœur, tenant un cierge dans une main et de l'autre son chapelet. Les religieuses de Marie-Auxiliatrice organisèrent une société de secours mutuel entre leurs ouvrières et prièrent monsieur de Benque d'être son président. On inaugurera pour la nuit, un asile à l'usage de ceux qui n'en ont pas.

Monsieur de Benque se dévoua encore, et il sera l'un des plus précieux collaborateurs du baron de Livois dans cette entreprise d'humanité connue sous le nom d'hospitalité de nuit. Une association qui, dans ses affections, allait de pair avec l'adoration nocturne, était le Tiers-Ordre de Marie. On lui avait parlé d'installer à Paris une fraternité pour les messieurs.

Susciter une famille à la Sainte Vierge, lui conquérir des âmes qui la reconnaîtraient pour mère. Comment monsieur de Benque, qui l'aimait tendrement, aurait-il pu décliner l'offre ?

Sept membres de l'adoration nocturne formèrent le premier noyau dont il sera le recteur. Pendant près de 30 ans, il mettra autant de prudence que de zèle à faire venir de nouvelles personnes. Il offrira à ses confrères une image d'humilité, de modestie, de pureté, de charité et de douceur. Le Tiers-Ordre lui fournira un stimulant et d'immenses ressources pour exercer l'apostolat et pour imprégner ses travaux de fécondité spirituelle. Aimer Marie et la faire aimer. Que par Marie, le nom du Sauveur soit connu et adoré par toute la terre !

C'est ce qui conditionnera son action pour le bien et qui lui servira en quelque sorte de levier dans tout ce qu'il accomplira pour la gloire et l'amour de la Sainte Vierge, comme il y a tant travaillé à Notre-Dame-des-Victoires pour la gloire et l'amour de Jésus-Christ au très Saint-Sacrement, comme il le fit avec l'adoration nocturne. Si les œuvres se partageaient les loisirs de monsieur Benque, elles n'empêchaient pas que dans la vie civile il occupât un rang des plus honorables.

En 1854, il avait épousé Mathilde Dispan de Floran. De cette union naquirent six enfants. En 1858, il fut nommé secrétaire du Conseil général de la Banque de France. Ce sera la fonction de toute sa carrière.

Survint la guerre de 1870, tandis qu'il restait à son poste, il avait envoyé sa femme et ses enfants dans sa propriété de Montpezat. Il leur écrivait des lettres où l'on percevait ses angoisses pour ceux des siens qui était en danger. Ses vues surnaturelles en face des désastres qui se multipliaient : double angoisse familiale et patriotique qui se fondaient toujours en un perpétuel acte d'abandon à la miséricorde et à la volonté de Dieu.

Admirables furent son attitude durant la Commune en 1871, sa fermeté face au pillage de Notre-Dame-des-Victoires, son sang-froid et son énergie pour défendre la Banque de France sous la menace des envahisseurs, ainsi que sa dignité lorsqu'il fut lui-même arrêté.

En juillet 1871, il reçut la croix de la Légion d'honneur en récompense de ses services et de sa belle conduite durant la Commune. Quand le calme fut rétabli, il recommença à mener de front la pratique des œuvres et ses devoirs professionnels. Levé de bonne heure chaque matin, il faisait sa méditation, il entendait la messe et communiait à Notre-Dame-des-Victoires, puis il allait à son bureau. Après le déjeuner, quelques instants de prière à l'église, visite de charité, puis retour au bureau. Entre 17h et 19h, récitation du chapelet et visite au très Saint-Sacrement. Il consacrait à sa famille le temps qui suivait le dîner, et prenait son repas à 21h30.

Avec Messieurs Rohaut de Fleury, Baudon, Beluze et de Margerie, il contribua à constituer l'association du Vœu national. Après les crimes de la Commune, on comprit la nécessité d'un acte de réparation et de supplication fait au nom de la France coupable, par la France repentie et dévouée.

Sa dévotion au Sacré-Cœur y puisa une satisfaction intense et quand fut érigée la basilique de Montmartre, ce fut un grand bonheur pour les membres de l'adoration nocturne d'y passer des nuits en prière. Il contribua aussi aux congrès eucharistiques internationaux avec monseigneur de Ségur, mademoiselle Tamisier et monsieur Vrau. Et il s'y dépensa de toutes ses forces et avec tout son cœur.

À cette époque, l'adoration nocturne prenait une grande extension non seulement en France, mais partout en Europe et même dans les autres parties du monde. Il traitait personnellement toutes les fondations et s'y aidait qu'il fut, il se dépensait sans compter en études démarches et correspondances.

Vers 1890, ses forces déclinaient. Divers chagrins dans sa famille, maladie de son gendre, mort d'une petite-fille et de son fils Bernard, achevèrent de compromettre sa santé.

En 1895, il quitta la Banque de France. Dès lors, son séjour à Paris fut moins prolongé, il passait cinq mois entiers à Montpezat. Le château avait une chapelle, il obtint l'autorisation d'y garder la Sainte réserve et ce qui est plus rare, que l'on puisse donner la bénédiction du Saint-Sacrement. Quelle joie pour ce passionné de l'eucharistie !

Voici le témoignage rendu après sa mort par un prêtre qui lui servait d'aumônier : « Je le revois dans son recueillement, les yeux fixés sur le tabernacle. C'était réellement une conversation ou s'exhalait toute son âme. Le monde n'existait plus pour lui. Il avait des élans d'amour se traduisant par des soupirs ou des paroles enflammées lorsqu'il se croyait seul dans la chapelle et que les siens ont eu l'occasion de saisir cette aspiration : mon Dieu, je vous aime tant ».

Il s'était agrégé au comité qui avait pour programme le ralliement à la république recommandé par le pape Léon XIII, en se plaçant uniquement sur le terrain des principes catholiques, sans s'inquiéter de la forme constitutionnelle qui régissait la France.

Sacrifice pour ce légitimiste qui avait salué comme un espoir, l'essai de restauration monarchique négocié en 1873 avec le comte de Chambord. Mais le prince était mort. D'ailleurs, le pape avait parlé, cela lui suffisait, catholique avant tout, il répondit à son appel. En 1897, il rédigea l'histoire de l'adoration nocturne. Peu après, une congestion cérébrale le frappa. C'était la veille de la fête de la Toussaint, durant la messe. Le 20 février 1898, il eut une syncope sans souffrance apparente, ayant perdu l'usage de la parole, mais les yeux fixés sur le crucifix, il s'endormit paisiblement.

Les tertiaires de Marie comptent avec fierté monsieur de Benque parmi leurs frères aînés dans la famille de la Sainte Vierge. Parlant du Tiers-Ordre, il disait : « Par son esprit, par son but, par le doux patronage sous lequel il s'abrite, le Tiers-Ordre de Marie devrait attirer plus d'hommes pieux. Il n'est pas assez connu, c'est un devoir pour chaque tertiaire de le faire connaître davantage et de lui amener un plus grand nombre d'adhérents ».

Conversions et guérisons

Je vais vous parler de témoignages de guérisons, de conversions, de protections dont les traces sont visibles dans cette basilique puisqu'il y a 37224 d'ex-voto en marbre, ainsi que les cœurs.

Je reviens un petit peu sur les faits, le père Des Genettes était curé de Notre-Dame-des-Victoires depuis 4 ans. Son église est vide. Une dizaine de personnes seulement assistent aux offices.

Le 3 décembre, fête de Saint François-Xavier, il est 9 h du matin, il célèbre la messe et à deux reprises une voix lui dit : « Consacre ta paroisse au Cœur Immaculé de Marie ». Bouleversé, il rentre chez lui et rédige les statuts d'une association pour la conversion des pécheurs avec l'autorisation de son évêque.

Le 11 décembre, à l'issue de la messe, devant dix personnes, il annonce qu'il va consacrer la paroisse au Cœur Immaculé de Marie. Il revient le soir pour l'Office des Vêpres et l'église est remplie.

Les vêpres sont entendues avec indifférence mais aux litanies de la Sainte Vierge, l'assemblée redouble de ferveur, surtout à l'invocation Refugium peccatorum (refuge des pécheurs), tout le monde se met à genoux.

Le père est bouleversé et dit à la Sainte Vierge : « Ô Marie, adoptez cette pieuse association. Donnez-m'en pour signe la conversion de monsieur Joly. J'irai demain chez lui en votre nom. »

Monsieur Joly était le dernier ministre du roi Louis XI et il était profondément athée.

Monsieur Joly reçoit le père Des Genettes alors que jusqu'à présent, il avait toujours refusé de le voir. Il lui demande sa bénédiction et sera parmi les premiers à s'affilier à l'association. Il mourra dans la foi le 10 avril 1837.

En 1838, la confrérie devient Archiconfrérie universelle.

À la suite de nombreuses sollicitations des affiliés, le père Des Genettes comprend qu'il manque un élément important aux prières de l'Archiconfrérie, il manque les malades et les affligés. Je le cite : « Jusqu'au commencement de l'année 1839, nos vœux et nos prières n'avaient eu pour but que d'obtenir la conversion des pécheurs. Nous refusions de comprendre dans nos recommandations publiques la mention qu'on nous demandait des malades et des affligés.

Nous ne pouvions pas oublier que Marie est aussi bien le salut des malades, la consolation des affligés que le refuge des pécheurs. Nous croyions devoir nous renfermer dans notre objet spécial. Cette restriction n'a point convenu à Marie. La mère de la miséricorde veut que toute-puissance s'exerce en faveur de tous ceux qui peuvent en éprouver quelque besoin.

Nous ne craignons pas de trop demander. Le Cœur de Marie est si grand, si large, si riche et si plein de bonté !

Ô sainte et tendre mère, c'est vous qui encouragez notre hardiesse. Sensible à nos prières, à nos vœux, vous daignez visiter ces pauvres affligés, calmer leurs esprits, consoler leurs cœurs. Vous regardez d'un œil de compassion charitable ces pauvres âmes de vos enfants que les tentations vont abattre. Et Satan fuit, épouvanté. »

Les lettres affluent rapidement et c'est une véritable déferlante dont témoignent également les successeurs du père Des Genettes. Nous recevons chaque semaine 3 à 400 lettres écrites du monde entier.

Indépendamment de ce moyen, des milliers de fidèles viennent toutes les semaines faire inscrire à la sacristie les recommandations qu'ils souhaitent ajouter aux prières de l'Archiconfrérie.

Toutes ces recommandations ont pour objet la conversion des pécheurs, la guérison des malades, la consolation des affligés. Le soulagement de tous les besoins qui peuvent affliger les hommes, les besoins de l'Église, ceux de la société civile, les grâces spirituelles et temporelles dont on ressent le besoin.

Tous les ex-voto, les lampes, les médailles militaires, sont un immense témoignage de reconnaissance envers la Vierge Marie qui guérit, sauve et console.

J'ai lu dans les annales de l'Archiconfrérie d'innombrables témoignages de reconnaissance pour une conversion, une guérison, alors j'ai dû faire le tri car il y en a tellement, que je ne pourrais pas tout vous partager.

Je vous livre quelques témoignages :

« Je ne sais comment faire pour remercier Notre-Dame-des-Victoires. Souffrant d'une terrible maladie, je me suis adressé à notre bonne mère. J'ai prié en vrai converti, me voilà sauvé. Ô ciel ! Divin Jésus et très Sainte mère de tous les pécheurs, vous m'avez converti et sauvé. Ma vraie satisfaction est de faire dire une messe pour tous les pécheurs comme moi. Merci, mille fois merci ! »

Une sœur très zélée pour l'Archiconfrérie implorait les prières des affiliés pour un vieillard mourant et depuis de longues années, éloigné du Bon Dieu. Il accepta les prières, garda une petite médaille bénite et fut inscrit parmi les associés. « Gloire à toi, Marie ! ». Après le cher malade s'est confessé, a reçu l'extrême-onction, puis il est mort paisiblement. Que la Vierge bénie recueille ses âmes sauvées miraculeusement et lui obtienne les joies éternelles.

Encore un autre témoignage : « Cherchant une situation pour une personne à laquelle je m'intéressais, j'avais fait des démarches pendant plusieurs semaines, toujours en vain. Si un projet semblait aboutir, il échouait au dernier moment. Je me décidai à commencer une neuvaine à Notre-Dame-des-Victoires. Dès le premier jour, une situation s'offrit d'une manière inattendue, tout à fait comme par hasard. Elle a convenu parfaitement et j'accomplis ma promesse de communiquer aux annales cette grâce que la très Sainte Vierge a daigné m'accorder après tant d'autres. »

Une jeune femme de 20 ans, souffrait de l'estomac depuis 2 mois, elle ne pouvait avaler aucun aliment. Le mal résistait à tous les remèdes. Un saignement de nez continuel était venu jeter la malade dans le dernier épuisement. Tout espoir de guérison était perdu. Cependant, la malade gardait confiance en la Sainte Vierge. Le jour de l'Assomption, elle demanda les prières de la confrérie de Nantes affiliée à l'Archiconfrérie. Le 22 août, après une nuit terrible, elle pria la Sainte Vierge avec ferveur, puis elle dit à sa mère : « Maman, je suis guérie, donnez-moi à manger ». Elle se leva et mangea. Le lendemain, elle alla rendre grâce à la Sainte Vierge.

Un jeune séminariste âgé de 20 ans, Pierre Renaud, souffrait de convulsions. Une paralysie des nerfs optiques le rendit aveugle. Une neuvaine à la Sainte Vierge fut entreprise par la communauté. Et son état empirant, il reçut le sacrément de l'extrême-onction. Son état s'améliora les jours suivants, mais il était toujours aveugle. La neuvaine commencée le 4 avril touchait à sa fin. Un traitement pour espérer lui rendre la vue avait été proposé. Le jour de son départ, le 14 avril, il demanda à être affilié à l'Archiconfrérie. Il assista à la messe, voulant communier une dernière fois dans la chapelle du séminaire. Au moment où il reçut l'hostie, il se trouva ébloui, et aperçut les objets se trouvant dans la chapelle. Il regagna sa place sans aide. Les élèves avaient vu le jeune homme revenir seul à sa place et ouvrir des livres.

Tous se réunirent pour prier en entonnant le Magnificat. La veille du début de la neuvaine, le supérieur du séminaire avait écrit à l'abbé Des Genettes pour recommander le malade aux prières de l'Archiconfrérie.

Un ex-voto est placé à l'entrée de la chapelle de la Sainte Vierge.

« Gloire au Cœur Immaculé de Marie. La reconnaissance me fait un devoir de publier les grandes grâces que j'ai reçues par l'intercession de Marie. Elle m'a conseillée, soutenue, elle m'a rendu l'affection de mon mari. Elle l'a converti. Sa bénédiction s'est étendue à tous mes enfants.

Épouses malheureuses, ne perdez jamais courage ! Confiez vos peines à Marie. Faites prier Notre-Dame-des-Victoires pour celui que vous aimez. Consacrez vos enfants à la Sainte Vierge dans l'Archiconfrérie de son très Saint et Immaculé Cœur. »

Maintenant c'est le témoignage d'un prisonnier : « C'est du fond de ma prison que je vous écris pour demander grâce et miséricorde, Seigneur, par l'entremise de Notre-Dame-des-Victoires.

Je suis coupable, j'avoue mon crime. J'ai abusé des grâces de Dieu. Criez et faites crier miséricorde et pardon pour moi par les âmes pieuses de l'Archiconfrérie.

Je sais avec quelle ardeur vous priez pour les pauvres prisonniers. Conjurez le divin fils de Marie, la Vierge Immaculée, de ne pas permettre que la justice humaine me flétrisse. Il est bien le maître de m'absoudre, n'est-il pas le souverain juge des vivants et des morts ? »

Ce témoignage est un petit peu plus long parce que c'est une guérison assez spectaculaire qui s'est produite à Notre-Dame-des-Victoires. C'est la guérison d'une jeune fille, infirme de 19 ans devant la statue de la Sainte-Vierge, le 12 avril 1859.

Voici la lettre que cette jeune fille a adressée au père Des Genettes : « À l'âge de 9 ans, je ressentis une vive douleur dans la jambe droite. Malgré plusieurs consultations médicales, le mal s'aggravait de jour en jour. Après bien des années de souffrance, fatiguée par des soins inutiles, j'y renonçai pendant 2 ans. Mais comme je me vis sur le point de ne plus pouvoir marcher, je tentai un nouveau traitement. Je souffris des douleurs les plus violentes, les crises se renouvelaient. Mon médecin me conseilla d'aller consulter à Paris. Il me recommanda également l'usage des béquilles et des cures thermales. Je revins à Paris avec mon père.

Nous arrivâmes le 11 avril. Le lendemain, j'allai avec beaucoup de peine à l'église Notre-Dame-des-Victoires.

Je m'assis près de la chaire et j'éclatai en sanglots. À la dame qui m'accompagnait, je lui demandai de me conduire à l'autel privilégié, refusant de prendre mes béquilles. Je me traîne tout en me soutenant aux chaises. En m'asseyant, je regarde la statue et je lui dis : « Ma bonne mère, me voilà. Il n'y a que vous qui puissiez me guérir. Je ne m'en irai pas que je ne le sois. »

Là-dessus, je récite mon chapelet entrecoupé de beaucoup de supplications : « Je vous aime beaucoup ma mère. Mais quel sera mon amour pour vous si vous me guérissez ?... Allons ma mère, laissez-vous fléchir. » À ces dernières paroles, il me sembla que la statue me souriait et qu'elle me disait : « Attends encore un peu mon enfant et ta prière sera exaucée. »

Quelques minutes après, j'éprouvais un je-ne-sais-quoi que je ne puisse expliquer. Je ne sentais plus de douleur, je pouvais remuer les jambes et je me levais pour crier : « Je suis guérie ! »

Mais le recueillement de ceux qui m'entouraient me fit garder le silence. J'allai me jeter à genoux devant la balustrade. J'y demeurai environ une demi-heure. Pendant tout ce temps, mon émotion était telle que je ne me rappelle pas si j'ai remercié la Sainte Vierge.

J'ai quitté l'église, laissant mes béquilles auprès de la statue pour y retrouver mon père, grimpant les escaliers quatre à quatre.

Depuis cette époque je n'ai point ressenti la plus légère douleur. J'oubliais de vous dire qu'une forte enflure au genou et aux jambes a disparu presque instantanément ».

Cette jeune fille a fait poser un ex-voto en marbre dans la basilique. Il est écrit : « Ma bonne mère, je ne vous quitterai pas que je ne sois exaucée. Oh ! Merci, je suis guérie… Venez vite avec moi remercier la Sainte Vierge. »

Voici un témoignage de conversion à l'heure de la mort :

« J'ai recommandé aux prières de l'Archiconfrérie un homme malade, éloigné de toute pratique religieuse. Il fallait une sorte de miracle pour le convertir. Et ce miracle à Sainte Vierge l'a fait. Cet homme fut atteint d'une crise terrible, qui le mit à deux doigts de la mort. Un prêtre accourut à son chevet, mais sans succès. Nous redoublâmes nos prières en suppliant le Cœur Immaculé de Marie de ne pas laisser périr cette pauvre âme. Voyant le danger, des amis l'exhortèrent à se confesser, mais le malade ne voulut rien entendre. Pourtant il s'affaiblissait de jour en jour, sa fin était proche.

Le prêtre revint une troisième fois, il présenta au malade un crucifix, et qu'elle ne fut pas sa surprise lorsque le malade prit le crucifix, le serra et l'embrassa avec amour et commença à se confesser. À peine sa confession achevée, il reçut le sacrément des mourants. Et après la dernière onction, il expira.

Gloire à notre mère Immaculée et merci aux fervents associés pour le salut de cette pauvre âme ».

« Monsieur le Curé,

Depuis plusieurs mois je cherchais un emploi et je n'en trouvais pas. Un samedi jour spécialement consacré à la Sainte Vierge, j'eus la pieuse inspiration de vous demander de me recommander d'une manière spéciale aux prières de l'Archiconfrérie. Je n'avais plus d'espoir qu'en la Sainte Vierge et je la suppliais de me venir en aide.

La réponse de celle qu'on a justement appelée l'espérance des désespérés, ne se fit point attendre. Le lendemain dimanche, je recevais une lettre me proposant une occupation conforme à mes désirs. Je ne vois dans ce fait une coïncidence, mais l'intervention de la Sainte Immaculée mère de Dieu.

Qu'elle soit remerciée de m'avoir exaucée et qu'elle daigne me continuer sa protection. »

Un dernier témoignage de protection du curé de la paroisse de Notre-Dame de Metz, qui, pendant la Première Guerre mondiale a écrit au sanctuaire pour expliquer ce qu'il s'est passé.

« Au milieu des cruelles épreuves de la guerre, alors que nous étions menacés de tous les dangers. J'ai fait vœu à Dieu d'élever dans mon église, un autel à Notre-Dame-des-Victoires.

J'avais mis deux conditions à ma promesse. La première c'est que l'église Notre-Dame ne fût pas touchée par les bombes qui pleuvaient de tous les côtés.

La seconde que nous eussions le bonheur, la guerre finie, de redevenir français.

J'avais reçu l'autorisation de mon évêque et le concours de mes paroissiens. Or, monsieur le curé, durant la guerre, Notre-Dame de Metz n'a pas reçu une égratignure tandis que les églises aux alentours furent fortement endommagées.

Nous sommes redevenus français après 48 ans d'exil et nous sommes heureux. Les paroissiens de Notre-Dame ont applaudi à la pensée de leur curé d'élever dans leur église un monument qui rappellera notre délivrance. Je me suis adressé à un artiste de Paris qui me fera une belle statue de Notre-Dame-des-Victoires en marbre blanc de carrare accompagnée d'un autel qui sera la réplique de celui de Notre-Dame-des-Victoires à Paris.

Notre-Dame-des-Victoires et Notre-Dame de Metz sont comme la fille et la mère. Nous avons été agrégés à l'Archiconfrérie du Saint Cœur de Marie par monsieur Des Genettes Le 28 novembre 1839. »

Pour terminer, il m'est revenu en mémoire de guérison celle que vous connaissez, sainte Thérèse de l'Enfant-Jésus. Elle était malade à 10 ans et fut guérie à la fin d'une neuvaine à Notre-Dame-des-Victoires en 1883.

Notre-Dame-des-Victoires
et la famille Martin

Le 4 novembre 1887, une jeune fille de 14 ans entre dans l'église, accompagnée de son père et de l'une de ses sœurs. Nos pèlerins sont en route pour Rome et la jeune fille a l'intention de demander au peuple l'autorisation d'entrer au Carmel à l'âge de 15 ans. Il s'agit de Thérèse.

Avant de se rencontrer et de se marier, les parents de Thérèse, Louis et Zélie, avaient déjà une grande dévotion pour Notre-Dame-des-Victoires. Zelie ne viendra jamais dans cette église, mais elle ira souvent prier la Sainte Vierge à l'église Saint-Léonard d'Alençon où se trouve une statue de Notre-Dame-des-Victoires.

Louis, qui a fait des études d'horlogerie avant de s'installer à Alençon, arrive dans la capitale en 1847 pour effectuer un stage d'apprentissage en vue de son futur métier, il a alors 24 ans. Il va rencontrer les mondanités, les tentations et une situation sociale et politique agitée : révolution, barricade dans les rues, proclamation de la deuxième République.

D'ailleurs, l'archevêque de Paris de l'époque monseigneur Affre, voulant ramener la paix, sera tué sur l'une d'elles.

Il se rend régulièrement à Notre-Dame-des-Victoires pour demander protection auprès de la Sainte Vierge. Et probablement, il aura rencontré le curé de l'époque, le père Des Genettes, fondateur de l'Archiconfrérie qui est aussi son compatriote.

Lorsqu'il revient à Alençon, il achète ce qu'il appelle « le pavillon » et installe grâce aux dons de Félicité Baudouin, une statue de la Vierge du sourire qui est la copie divine d'une œuvre du sculpteur Bouchardon, installée dans la chapelle de la Vierge à l'église Saint-Sulpice et disparue à la révolution.

Cette statue mesure 90 cm, représente une Vierge sans voile, les mains ouvertes pour accueillir ses enfants et distribuer des grâces. Dans la famille Martin, cette statue est tellement vénérée que ses doigts doivent être régulièrement remplacés à force d'être embrassés par toute la famille. La statue est maintenant au-dessus de la chasse de Thérèse dans la chapelle du Carmel de Lisieux.

Une fois marié avec Zélie, Louis se rend toujours régulièrement dans la capitale pour s'occuper des affaires de son épouse qui est dentellière. Les deux époux s'écrivent beaucoup, surtout Zélie. Dans une lettre adressée à son mari, elle lui dit : « J'ai reçu ce matin ta lettre que j'attendais avec une grande impatience. Combien j'ai été étonnée de voir que, contre toute espérance, tu étais arrivé à réaliser quelques affaires. C'est Notre-Dame-des-Victoires qui t'a protégé. »

Le 11 mars 1864, Louis écrit à son épouse : « J'ai eu le bonheur de communier à Notre-Dame-des-Victoires, qui est comme un petit paradis terrestre. J'ai fait aussi brûler un cierge à l'intention de toute la famille. »

Zélie est aussi très proche de son frère Isidore, de 10 ans son cadet. Lorsque celui-ci se rend à Paris pour effectuer des études de pharmacie, sa grande sœur lui écrit souvent en s'inquiétant, car il pourrait être tenté de céder aux mondanités.

Elle lui écrit : « Si tu consentais seulement à faire une chose que je vais te dire et que tu voulais bien me la donner pour étrennes, je serais plus heureuse que si tu m'envoyais tout Paris. Voici : tu habites tout près de Notre-Dame-des-Victoires. Eh bien ! Entres-y seulement une fois par jour pour dire un Ave Maria à la Sainte Vierge.

Tu verras qu'elle te protégera d'une manière toute spéciale et qu'elle te fera réussir en ce monde pour te donner ensuite une éternité de bonheur. Ce que je te dis là, ce n'est pas de ma part une piété exagérée et sans fondement. J'ai sujet d'avoir confiance en la Sainte Vierge, j'ai reçu d'elle des faveurs que moi seule connais. »

Et Isidore, en bon petit frère, suivra les admonestations de sa sœur et viendra régulièrement à Notre-Dame-des-Victoires. D'ailleurs, en 1885, Isidore, Céline, Jeanne et Marie Guérin s'affilieront à l'Archiconfrérie. Les cinq filles Martin suivront donc leurs parents dans leur dévotion à Notre-Dame-des-Victoires.

Cependant, un événement douloureux va renforcer leur amour envers la Sainte Vierge. Il faut dire qu'à la mort de sa mère, Thérèse avait choisi comme seconde mère sa sœur Pauline. Mais en octobre 1882, Pauline entre au Carmel de Lisieux. L'enfant a alors le sentiment de perdre à nouveau une mère.

Nous sommes en mars 1883, Thérèse, âgée de 10 ans tombe gravement malade. Louis voit sa petite sombrer dans la maladie. Elle ne le reconnaît plus et un jour, il doit même sortir de la chambre en larmes, car la petite a crié d'effroi en le voyant.

Louis, selon sa propre expression, « prend le ciel d'assaut » pour sauver Thérèse. Il fait dire une neuvaine de messes à Notre-Dame-des-Victoires.

Le 13 mai 1883, dimanche de la Pentecôte et dernier jour de la neuvaine, Thérèse est couchée dans le lit de sa sœur Marie, elle est au plus mal. Marie, Léonie et Céline sont en prière devant la statue de la Vierge Marie qui est près du lit de la petite malade.

Thérèse raconte : « Ne trouvant aucun secours sur la terre », elle s'était aussi tournée vers sa mère du ciel. Elle la priait de tout son cœur d'avoir enfin pitié d'elle.

« Tout à coup la Sainte Vierge me parut belle, si belle que jamais je n'avais rien vu d'aussi beau, son visage respirait une bonté et une tendresse ineffable. Mais ce qui me pénétra jusqu'au fond de l'âme, ce fut son ravissant sourire. Alors toutes mes peines s'évanouirent, deux grosses larmes jaillirent de mes paupières et coulèrent silencieusement sur mes joues. Mais c'était de larmes de joie, sans mélange. Ah ! Pensais-je, la Sainte Vierge m'a souri ! Que je suis heureuse ».

Thérèse est guérie et quatre ans plus tard, elle viendra rendre grâce à Marie à Notre-Dame-des-Victoires.

Elle en témoigne dans le manuscrit A de « L'histoire d'une âme » : « Notre-Dame-des-Victoires, en ce que j'ai senti à ses pieds, je ne pourrais le dire. Les grâces qu'elle m'accorda m'émurent si profondément, que mes larmes seules traduisirent mon bonheur, comme au jour de ma première communion.

La Sainte Vierge m'a fait sentir que c'était vraiment elle qui m'avait souri et m'avait guérie. J'ai compris qu'elle veillait sur moi, que j'étais son enfant. Aussi, je ne pouvais plus lui donner le nom que le nom de « maman » car il me semblait être encore plus tendre que celui de mère. Avec quelle ferveur, ne l'ai-je pas priée de me garder toujours et de réaliser bientôt mon rêve en me cachant à l'ombre de son manteau virginal ».

Thérèse, une fois entrée au Carmel, continuera de garder des liens affectueux avec sa famille. Elle écrira de nombreuses lettres, en tout 266. Dans une lettre à sa cousine Marie Guérin, le 30 mai 1889, elle lui écrit : « Il faut prier beaucoup. Prier encore. Si tu pouvais mettre un cierge à Notre-Dame-des-Victoires, j'ai tant confiance en elle ».

Léonie Martin qui va probablement être bientôt béatifiée, viendra en pèlerinage à Notre-Dame-des-Victoires en 1883 et en 1890.

La courte vie de Thérèse est prête à s'achever. En 1896, elle reçoit de sa prieure, mère Marie de Gonzague, deux frères prêtres. L'abbé Bellière, missionnaire en Afrique du Nord, et le père Roulland.

C'est pour ce dernier qui va s'embarquer le 2 août pour le continent asiatique, qu'elle écrit le 16 juillet 1896, fête de Notre-Dame du Mont-Carmel, son 35e poème intitulé : « À Notre-Dame-des-Victoires, reine des Vierges, des apôtres et des martyrs ».

« Aux œuvres d'un missionnaire

Vous m'avez unie sans retour,

Par les liens de la prière,

De la souffrance et de l'amour.

À lui de traverser la terre,

De prêcher le nom de Jésus.

À moi dans l'ombre et le mystère

De pratiquer d'humbles vertus. »

…

« À lui l'honneur de la victoire

Devant l'armée des Bienheureux

À moi le reflet de sa gloire

Éternellement dans les cieux. »

Thérèse avait aussi une grande dévotion pour Théophane Vénard, un jeune prêtre martyrisé en 1861 en Chine. Elle avait reçu une image et une relique de ce Saint prêtre, peu de temps avant sa mort. Sûrement, savait-elle que ce jeune missionnaire, avant de partir en Chine, avait consacré son sacerdoce et sa mission à la Vierge missionnaire. Celle dont la puissance convertit les pécheurs.

En 1897, alors qu'elle est déjà très malade, la prieure, mère Marie de Gonzague, demande une nouvelle neuvaine de messes à Notre-Dame-des-Victoires pour la guérison de sœur Thérèse. Thérèse écrit : « Pour obtenir ma guérison, cette mère vénérée a fait dire une neuvaine de messes à Notre-Dame-des-Victoires qui m'avait déjà guérie dans mon enfance. Mais moi, sentant que le miracle n'aurait pas lieu, j'ai demandé et obtenu de la Sainte Vierge qu'elle console un peu le cœur de ma mère, ou plutôt qu'elle lui fasse consentir à ce que Jésus m'emporte au ciel ».

Le 16 juillet 1897, Thérèse est descendue à l'infirmerie. On place près d'elle une statuette de Notre-Dame-des-Victoires.

Le dernier grand poème de Thérèse, composé en mai 1897, est un poème Marial.

« Toi qui vins me sourire au matin de ma vie

Viens me sourire encor'

Mère...voici le soir ! »

Le 30 septembre 1897 sœur Thérèse de l'enfant Jésus de la Sainte-Face entre dans la vie.

À Notre-Dame-des-Victoires, un autel lui est dédié depuis 1931. Et le vitrail au-dessus de l'autel fait mémoire de la visite de Thérèse, Louis et Céline Martin le 4 novembre 1887.

Thérèse est inscrite à l'Unesco pour le biennium des anniversaires, 2022/2023 à l'occasion des 150 ans de sa naissance, le 2 janvier 1873.

Reconnue comme femme de culture, éducatrice dans la science d'amour, jeune femme française aux valeurs de paix, ouverte à l'universel.

Deux missionnaires

Parmi tant d'autres chrétiens qui ont suivi et suivent encore l'appel du Christ ! Allez par le monde entier, proclamer la bonne nouvelle parmi toutes les nations !

Je vais donc vous parler aujourd'hui d'une religieuse et d'un prêtre. Ils étaient tous les deux normands, ils ont vécu au 19e siècle, tout au moins en partie pour l'un. Ils n'ont jamais parcouru le monde.

La religieuse n'a effectué qu'un seul voyage, un pèlerinage à Rome lorsqu'elle avait 14 ans, puis elle est entrée au Carmel à l'âge de 15 ans et elle y est morte 9 ans plus tard. Et pourtant, en 1927, le pape Pie XI la proclame patronne des missions. Je pense que vous avez reconnu Sainte-Thérèse de l'Enfant-Jésus.

Le prêtre lui, a un peu plus voyagé, il est parti en Suisse durant deux ans et a effectué un voyage à Rome en 1842, où il a été reçu par le pape Grégoire XVI.

Il fut curé de Notre-Dame-Des-Victoires pendant 28 ans et la consacra au Cœur Immaculé de Marie en 1836 en fondant l'Archiconfrérie pour la conversion des pécheurs. Ce prêtre, c'est l'abbé Charles-Éléonore Dufriche Des Genettes qui est enterré au pied de l'autel.

Alors tous les deux ont écrit, Thérèse beaucoup plus que Charles. Mais tous les deux ont connu un succès fulgurant de leurs écrits.

« L'histoire d'une âme » pour Thérèse et le Manuel de l'Archiconfrérie pour Charles. Si Thérèse n'a pas connu le succès de son œuvre puisqu'elle est morte avant, Charles, lui, a vécu le prodigieux essor de son œuvre.

Mais honneur aux dames, je vais commencer par Thérèse. Elle aurait pu faire partie de l'Archiconfrérie, qui a pour mission de prier pour la conversion des pécheurs. Je n'ai trouvé aucune trace de l'inscription des Martin, seuls l'oncle Isidore Guérin, la tante Marie, et les cousines de Thérèse s'y sont inscrits en 1885.

Le zèle missionnaire est très précoce chez Thérèse. La grâce reçue à Noël 1886 précise sa vocation de sauver les âmes. « Jésus fit de moi un pêcheur d'âmes et je sentis le désir de travailler à la conversion des pécheurs ».

La sordide affaire Pranzini, dont elle apprend l'histoire par les journaux qu'elle avait lus en cachette de son papa lui donne l'occasion de mettre en pratique son désir de sauver une âme de l'enfer. « J'offrisse au bon Dieu, tous les mérites infinis de notre seigneur. Les trésors de la Sainte Église, enfin, je priai Céline de faire dire une messe dans mes intentions ».

Elle obtient le signe de repentir de la part du criminel qu'elle avait demandé et découvre la puissance de la miséricorde de celui qui déclare qu'au ciel il y aura plus de joie pour un seul pécheur qui se convertit que pour 99 justes qui n'ont pas besoin de pénitence.

Lorsqu'on lit Thérèse, les manuscrits autobiographiques, les lettres, les poésies, les prières, les pièces de théâtre et l'acte d'offrande à l'amour miséricordieux, un verbe revient fréquemment : aimer. Thérèse aime Jésus et désire le faire aimer.

Elle a compris qu'il y avait des âmes incroyantes : « Jésus m'a fait sentir qu'il y a véritablement des âmes qui n'ont pas la foi, qui, par l'abus de grâce, perdent ce précieux trésor. Mais seigneur, votre Enfant l'a comprise, cette divine lumière. Pardon pour ses frères ».

Thérèse est frappée par la vue d'une image de Jésus en croix, et elle écrit : « Je résolus de me tenir en esprit au pied de la croix pour recevoir la divine rosée qui en découlait. Comprenant qu'il me faudrait ensuite la répandre sur les âmes ».

Et elle commence son acte d'offrande à l'amour miséricordieux ainsi. « Ô mon Dieu trinité Bienheureuse, je désire vous aimer et vous faire aimer. Travailler à la glorification de la Sainte Église en sauvant les âmes qui sont sur la Terre et en délivrant celles qui souffrent dans le purgatoire ».

Thérèse entre donc au Carmel à l'âge de 15 ans avec ce désir clairement exprimé : « Je suis venue pour sauver les âmes et surtout prier pour les prêtres ».

On pourrait s'étonner de la prétention de sauver les âmes alors qu'elle se coupe du monde en s'enfermant dans un Carmel. Le monde, il est vrai, a du mal à comprendre qu'on puisse rêver d'une efficacité apostolique en se retirant de la vie ordinaire des hommes. Et pourtant ! Elle écrit : « Ne pouvant être missionnaire d'action, j'ai voulu l'être par l'amour et la pénitence comme ma séraphique mère », écrit-elle à son petit frère prêtre, le père Roulland.

Le moyen pour sauver les âmes, c'est d'abord la prière et le sacrifice. Son esprit apostolique se manifeste dans le travail de tous les jours, par la ponctualité dans toutes les petites choses. « Ramasser une épingle avec amour, quel mystère ! » écrit-elle.

À la fin de sa vie, elle a des tentations contre la foi. Cela durera environ 18 mois. Si elle accepte de s'asseoir à la table des pécheurs, c'est bien à cause du désir qu'elle a de sauver les âmes. « Ô Jésus, s'il faut que la table souillée par eux soit purifiée par une âme qui vous aime, je veux bien y manger seule le pain de l'épreuve. Seigneur, votre enfant l'a comprise votre divine lumière. Elle demande pardon pour ses frères : Ayez pitié de nous Seigneur, car nous sommes de pauvres pécheurs ».

Au matin de sa mort, elle dit à mère Agnès : « Je ne me repens pas de m'être livrée à l'amour. Oh non, je ne me repens pas, au contraire ! Jamais je n'aurais cru qu'il était possible de tant souffrir. Jamais ! Je ne puis expliquer cela que par les désirs ardents que j'ai eu de sauver les âmes ».

En 1896, un an avant sa mort, Thérèse reçoit comme frères deux prêtres missionnaires, le père Bellière en Algérie et le père Roulland en Chine. Elle soutient leur mission par la prière, et échange avec eux par correspondance.

« Je serais heureuse de travailler avec vous au salut des âmes. C'est dans ce but que je me suis faite carmélite. Ne pouvant être missionnaire d'action, j'ai voulu l'être par l'amour et la pénitence. Demandez à Jésus de m'embraser du feu de son amour, afin que je puisse vous aider à l'allumer dans les cœurs ».

Dans une autre lettre, elle exprime sa mission à travers l'image biblique de Moïse priant sur la montagne pendant que Josué combat dans la plaine contre les Amalécites.

« Comme Josué, vous combattez dans la plaine. Moi je suis votre petit Moïse et sans cesse mon cœur est élevé vers le ciel pour obtenir la victoire. Ô mon frère, comme vous seriez à plaindre si Jésus lui-même ne soutenait le bras de votre petit Moïse ».

Elle réconforte l'abbé Bellière qui se désole des difficultés qu'il rencontre dans sa vocation : « Lorsque Jésus appelle une âme à diriger, à sauver des multitudes d'autres âmes, il est bien nécessaire qu'il lui fasse expérimenter les tentations et les épreuves de la vie. Puisqu'il vous a accordé de sortir victorieux de la lutte, j'espère, monsieur l'abbé, qu'il réalisera vos grands désirs. Je lui demande que vous soyez non pas seulement un bon missionnaire, mais un saint tout embrasé de l'amour de Dieu et des âmes. Je vous supplie de m'obtenir aussi cet amour afin que je puisse vous aider dans votre œuvre apostolique ».

Je terminerai avec la Vierge Marie. Thérèse est venue à Notre-Dame-des-Victoires à l'âge de 14 ans pour remercier Marie de sa guérison à l'âge de 10 ans.

Pour elle, la dévotion mariale est le fil conducteur de toute sa vie, une constante de sa spiritualité. C'est Marie qui la guidée sur le chemin de l'amour.

Après la religieuse, je vais vous parler du prêtre, le père Des Genettes, lui aussi missionnaire sans avoir quitté sa paroisse durant 28 ans.

Le 11 décembre 1836, il consacre cette église au Cœur Immaculé de Marie et fonde une association qui deviendra Archiconfrérie universelle pour la conversion des pécheurs en 1838 par le pape Grégoire XVI.

Avec cette dignité, l'Archiconfrérie était appelée à parcourir, ou plutôt elle recevait la mission d'enrôler le monde entier sous la bannière de la Sainte Vierge, répandant partout la dévotion au très Saint et Immaculé Cœur de Marie, et intercédant auprès de la Vierge pour la conversion des pécheurs.

Le père Des Genettes explique clairement la mission de l'Archiconfrérie dans le Manuel qui paraît le 1 janvier 1839. « L'Archiconfrérie est destinée à posséder et à sanctifier le monde. Le Saint et Immaculé Cœur de Marie doit être connu, béni, honoré et invoqué par toute la terre pour la conversion des pécheurs. Mais la propagation de cette œuvre sera toute providentielle, les moyens seront modestes. Elle marchera lentement au milieu des contrariétés et même des persécutions ».

Les membres de l'Archiconfrérie sont appelés à concourir avec Jésus et par les mérites du Christ à la plus grande gloire de Dieu en demandant la sanctification des âmes par la conversion des pécheurs. « Appelés par une grâce spéciale à l'insigne honneur d'exercer le ministère de sa divine charité pour les pécheurs, étudiez votre modèle membre de Jésus-Christ, marchez sur les traces de votre divin chef », écrit Charles Des Genettes.

La confrérie, érigée en 1837, va se développer rapidement. Celle-ci est érigée en Archiconfrérie universelle et va connaître un essor foudroyant en quelques années, des confréries venant du monde entier s'agrègent à la maison mère de Notre-Dame-des-Victoires.

Un simple livre, le Manuel de l'Archiconfrérie parut donc en 1839, est reçu en premier dans les séminaires de Paris et Issy, puis il est diffusé dans le diocèse du Mans.

Les Missions Étrangères partent avec le Manuel, un prêtre s'embarque pour la Chine et c'est l'effet boule de neige.

Le père Des Genettes croule sous des lettres de témoignages de conversions et de guérisons. Celui qu'on appelle affectueusement « grand-père » accueille et aide des prêtres dans leur élan missionnaire.

Dès 1839 pour la conversion de l'Angleterre, Charles accueille le révérend Spencer et plus tard le futur cardinal Newman, tous deux convertis. De nombreux Anglais se convertissent et certains d'entre eux rentrent au séminaire. Il accueille les Frères Ratisbonne et François Libermann, Juifs convertis.

L'abbé Des Genettes sera l'apôtre de l'Afrique noire avec le père Libermann qui écrit : « Nous sommes appelés à l'apostolat. Pourrons-nous trouver un esprit apostolique plus parfait et plus abondant auprès de notre seigneur, que dans le Cœur de Marie, cœur éminemment apostolique ? Nous devons considérer le Cœur de Marie comme le modèle parfait du zèle dont nous devons être dévorés, et comme une source abondante où nous devons sans cesse puiser ».

Le continent américain le proche et Moyen-Orient, l'Asie, jusqu'au pôle Nord sont, si je puis dire, contaminés avec les missionnaires des Missions Étrangères de Paris entre autres.

Le Manuel sera traduit dans de nombreuses langues et sera réédité de nombreuses fois. Fait rarissime, le pape Grégoire XVI autorise une confrérie à Rome. Celle-ci sera la sœur et non la fille de l'Archiconfrérie de Notre-Dame-des-Victoires, et seuls les habitants de Rome pourront s'y affilier.

Le père Des Genettes accueille et aide Frédéric Ozanam, fondateur des conférences de Saint-Vincent-de-Paul. Et il met son église à la disposition des fondateurs de l'adoration nocturne, l'abbé de la Bouillerie et le juif converti Hermann Cohen.

Ceci a lieu le 6 décembre 1848. Cette adoration nocturne sera le fondement de l'adoration perpétuelle au Sacré-Cœur de Montmartre et de la naissance des Congrès eucharistiques qui se dérouleront non seulement en France, mais aussi à l'étranger.

Le père Des Genettes exhortait les fidèles à la communion fréquente car, dit-il : « Si Marie se fait l'avocate des pécheurs, c'est pour les ramener à son fils dont elle est l'ambassadrice. C'est pourquoi le siècle de Marie ne peut que se prolonger en siècle eucharistique. Toutes ces manifestations mariales ont en effet donné un développement intense et magnifique à la dévotion à la sainte hostie. L'association de Notre-Dame-des-Victoires occupe l'une des premières places dans la propagande eucharistique ».

Peu de temps avant sa mort, l'abbé Des Genettes écrivait à ses collaborateurs : « Vous, mes chers collaborateurs, mes chers et bien-aimés confrères, fidèles à la sainte et glorieuse mission qui vous a été confiée quand la grande reine nous a enrôlés sous le saint étendard de son Cœur Immaculé. Redoublez de compassion, de charité pour les pauvres pécheurs, ils sont si malheureux.

Priez, priez pour eux avec un redoublement de ferveur. Vous avez eu le bonheur de contribuer à la conversion, au salut d'un nombre immense.

Combien d'autres ont encore besoin de votre secours ?

Dites, redites à ceux qui vous entourent, les bienfaits de Marie. Parlez-leur de sa tendre compassion pour les pécheurs et surtout pour les plus désespérés, vous amollirez leurs cœurs et les disposerez à entendre la voix de la grâce ».

Je vous fais un tout petit clin d'œil pour terminer, d'un certain Saint-Jean-Marie-Vianney qui disait : « Prions pour les pauvres pécheurs, il y en a quelques-uns qui sont en suspens un Pater et un Ave suffiraient pour faire pencher la balance ».

La bannière de Notre-Dame-des-Victoires à Lourdes et les pèlerinages

Le 22 septembre 1872 qui était la fête de Notre-Dame des Sept-douleurs, une bannière offerte par les associés de l'Archiconfrérie de Notre-Dame-des-Victoires et destinée au sanctuaire de Lourdes était exposée. Tout le monde avait contribué à ce présent, riches et pauvres pouvaient la considérer comme leur don béni et vraiment digne de leur piété.

Suspendue par un cordon d'or à un bâton doré surmonté d'une croix, cette bannière a pour sujet principal l'image même de Notre-Dame des Victoires. La robe de la Sainte Vierge est d'un rose délicat semé d'or, celle de l'Enfant-Jésus d'un rouge tendre au-dessus de l'image en grosses lettres brodées d'or.

Notre-Dame-des-Victoires et au-dessous Paris. Le bas de la bannière, dentelée comme les oriflammes, est orné au milieu des armes de l'église de Notre-Dame-des-Victoires, environnées de chaque côté de lys et de roses brodées d'or.

Tout ce travail ainsi que les galons sont en or fin. Cet ex-voto porté à la procession du 6 octobre à Lourdes, restera suspendu aux voûtes de la grande église dans la chapelle dédiée à Notre-Dame des Victoires en témoignage de foi et d'amour pour la reine qui nous a appris son beau nom. « Je suis l'Immaculée Conception ».

À la veille du pèlerinage de Notre-Dame-des-Victoires à Lourdes, de nombreuses cérémonies eurent lieu.

Le pèlerinage à Lourdes

Le départ était prévu avec à leur tête le père Chevojon, curé de cette église.

Le 3 octobre, 53 prêtres étrangers célébraient la messe à Notre-Dame-des-Victoires, mais ce fut le vendredi 4 que commença réellement une série d'offices et de réunions. L'affluence des pèlerins fut telle, qu'une partie d'entre eux dut demander asile pour célébrer la messe aux paroisses environnantes.

Le sanctuaire ouvert dès le matin, vit 103 prêtres étrangers se succéder aux neufs autels et offrir les saints ministères depuis 5 heures du matin jusqu'à midi. La messe du départ pour le pèlerinage de Lourdes était fixée à 9 heures.

Longtemps à l'avance, l'église se remplit de fidèles. Dans le chœur réservé aux ecclésiastiques, on compta plus de 150 prêtres représentant la France entière. 40 diocèses avaient envoyé leurs délégués.

La messe du départ fut le premier acte de la neuvaine solennelle qui devait se terminer le 12 octobre à Notre-Dame-des-Victoires.

Chaque matin à 9 heures, c'était la messe, suivie de la récitation des litanies de Marie. Tous les soirs à 8 heures, le cantique du pèlerinage.

Le vendredi 4 octobre, tous les pèlerins étaient réunis à Notre-Dame-des-Victoires car le sanctuaire avait été désigné comme le centre du pèlerinage pour la région Nord.

Le signal du départ fut donné à 14h30 à la gare d'Austerlitz. Le voyage était long à cette époque, nos pèlerins n'arrivèrent que le dimanche, tôt le matin.

Ils assistèrent à 10 heures à la messe pontificale durant laquelle l'évêque de Tarbes prononça une homélie sur le saint rosaire dont il passa en revue les mystères joyeux, douloureux et glorieux.

Une réunion des délégués chargés de porter et d'accompagner les bannières eut lieu à 13 heures dans l'église paroissiale de Lourdes.

La bannière du comité ouvrit la marche. Parmi les pèlerins, ceux de Paris devaient tenir le premier rang avec la bannière de Notre-Dame-des-Victoires que portait un ancien zouave pontifical monsieur François de Maistre. Mais d'un commun accord, on céda cette place d'honneur aux bannières de l'Alsace et de la Lorraine, qui l'une en velours noir, l'autre blanche voilée d'une crêpe, sont partout acclamées. Je précise que l'Alsace et la Lorraine avaient été perdues par la France lors de la guerre de 1870.

Dans un ordre parfait, s'ébranle la procession de 243 bannières. Les chants sacrés, l'Ave Maris Stella, le cantique des pèlerins de lourdes par le comte Anatole de Ségur (fils de la célèbre comtesse), le Magnificat, le cantique du Sacré-Cœur, son successivement entonnés et chantés à pleine voix.

Arrivées au sanctuaire, les bannières furent bénies par neuf évêques. Une fois les bannières déposées dans l'église, les portes s'ouvrirent aux fidèles.

Cependant, tout n'était pas fini dans la soirée, vers 20 heures, la procession recommençait avec des cierges allumés sillonnant toute la montagne.

Le lendemain, lundi 7, avec presque la même affluence, les cérémonies reprenaient leur cours.

Le soir, la nuit la grotte continue à être visitée, le rosaire y est dit pratiquement sans interruption.

Le mardi 8, jour du départ à 6 heures du matin, le curé de Notre-Dame-des-Victoires dit une messe d'Action de grâce dans le sanctuaire et l'évêque de Tarbes vient y assister et distribuer la communion aux nombreux pèlerins. À la fin de la messe, le même évêque remercia chaleureusement les fidèles de Notre-Dame-des-Victoires : « Je ne veux point vous laisser partir, mais très chers frères, sans ouvrir encore une fois mon cœur et sans vous exprimer ma reconnaissance. Merci à Dieu d'abord et avant tout, à Dieu qui vous a conduits et amenés et qui je l'espère, vous rendra sains et saufs à vos demeures. Merci à la Vierge Marie à laquelle vous appartenez, Notre-Dame des Victoires. Elle vous a bénis au départ, vous l'avez retrouvée ici. C'est la même, son nom seul a changé, Notre-Dame des victoires, c'est Notre-Dame de Lourdes et Notre-Dame de Lourdes c'est Notre-Dame des Victoires. Merci à la Sainte Vierge ! »

Le retour s'est effectué dans le calme et la paix, la même régularité, sauf un retard de quelques heures occasionné par un déraillement survenu au train de poste qui précédait.

Le pèlerinage à Paray-Le-Monial

Comme l'année précédente à Lourdes, Notre-Dame-des-Victoires devait être représentée au pèlerinage national en l'honneur du Sacré-Cœur à Paray-le-Monial où Jésus apparut en 1675 à une religieuse de la Visitation, sœur Marguerite-Marie.

Si la révolution n'avait pas permis au roi Louis XVI de faire une consécration solennelle au Sacré-Cœur de Jésus, celui-ci du fond de sa prison s'efforça d'y supplier par le vœu touchant qu'il composa avant sa mort.

Jésus avait prononcé ces paroles pleines de consolation : « Voici mon cœur qui est si passionné d'amour pour les hommes et pour toi en particulier, que ne pouvant contenir en lui-même les flammes de sa charité, il faut qu'il les répande par ton moyen. Je te promets que mon cœur se dilatera pour répandre avec abondance les influences de son amour divin sur ceux qui lui rendront cet honneur ».

En 1873, la France entière, se rappelant les miséricordieuses promesses de Jésus, voulut se consacrer à son divin Cœur. Marseille, puis le Nord et l'Ouest succèdent à l'Est. Paris aura son jour privilégié entre tous, c'est le vendredi après l'octave de la Fête-Dieu consacrée à la fête du Sacré-Cœur dans l'église universelle qui lui est assignée.

Il y eut 3000 pèlerins venus de Paris. De nombreuses députations de toutes les provinces se joignirent à ce solennel pèlerinage de vue du 20 juin : Besançon, Belfort, l'Alsace, la Lorraine. Lens, Brest, Orléans, Lille, Arras et bien d'autres y accoururent en masse.

À Paray-Le-Monial, le chemin de fer a reçu plus de 23 000 pèlerins par des trains spéciaux. Qu'on y ajoute ceux qui sont venus à pied, en voiture ou dans des trains ordinaires, et l'on arrive au chiffre d'environ 35 000 pèlerins.

À peine descendus des wagons, les pèlerins s'empressèrent d'aller à la chapelle de la Visitation ou à l'église paroissiale.

Depuis minuit, les messes se succédèrent sans interruption. Elles ne sont point achevées à 13 heures. Des hommes de toutes les générations, des généraux en uniforme y prennent leur place. Ils participent aux processions, puis ce sont des zouaves pontificaux devenus zouaves de l'armée de la Loire, et leur chef, le général de Charette. Ils ne portent aucun insigne, à l'exception de l'image du Sacré-Cœur. Ils sont venus vénérer la relique qu'ils ont laissé près des ornements de Marguerite-Marie, l'étendard du Sacré-Cœur qu'avaient brodé les religieuses de Paray-le-Monial et que le sang de ces soldats avait teinté lors de la guerre de 1870. « Cœur de Jésus sauvez la France », c'est la devise qu'il porte autour de son cœur en feu.

Après les messes, une énorme procession s'ébranle. Elle part de l'ancienne église, chacun vient prendre ses bannières sous le cloître. Les communautés marchent d'abord, les paroisses ensuite, Metz, Strasbourg, n'ont pas oublié l'accueil qui leur avait été fait l'année précédente à Lourdes. À Paray, on les met aussi au premier rang.

Les bannières se succèdent, on en compte plus de 160 de toutes les provinces de France. La Pologne a envoyé la sienne. L'Espagne est représentée par celle de Tarragone.

Les ex-voto ne sont pas le moindre ornement de la fête. Des cœurs, des calices, des chapelles magnifiques sont apportées par de pieux donateurs.

L'ex-voto de Notre-Dame-des-Victoires est remarqué entre tous. Il représente un médaillon de bronze soutenant une pierre d'onyx. Au milieu, un cœur en vermeil, au bas un écusson émaillé représentant la Vierge de Notre-Dame-des-Victoires et des deux extrémités de l'écusson portent deux branches de lys en vermeil qui entourent le cœur. L'ex-voto est apporté par deux chapelains du sanctuaire, messieurs de Chauline et de la Guibourgère, au nom de l'Archiconfrérie et de la paroisse. Les religieux de la Visitation en le recevant, on dit qu'il était le plus gracieux de tous ceux qui leur avaient été remis jusqu'ici.

À 10h30 commence la messe solennelle, l'église étant trop étroite, elle est célébrée en plein air. Des milliers de pèlerins unissent leur voix dans les chants sacrés et puis ce cantique aussi patriotique que religieux : « Dieu de clémence, Dieu protecteur, sauve, sauve la France au nom du Sacré-Cœur ».

À 13 heures, la procession recommence. L'évêque d'Autun permet que tous les pèlerins entrent dans le jardin de la Visitation. Trois heures après, le flot des pèlerins se masse à nouveau autour de l'autel érigé sur la route qui conduit à Charolles. On y voit prendre place au milieu de plusieurs évêques, un prélat bien connu des associés de l'Archiconfrérie, monseigneur de Ségur.

Le salut du Saint-Sacrement suivit l'office et devait se terminer par la bénédiction solennelle des bannières. Mais alors une cérémonie qui n'était point annoncée est venue donner un dénouement d'une incomparable grandeur. Monseigneur Léseleur, évêque d'Autun, a lu une consécration solennelle au

Sacré-Cœur de Jésus. Aussi, quand, après le premier paragraphe qui se termine par ces mots : « Ô Jésus, vous serez à jamais notre roi », l'évêque s'arrêta et la foule répéta lentement l'invocation.

La journée était remplie, chacun se retira et songea au départ tout en cherchant à faire ses derniers adieux à la chapelle de la Visitation.

Le soir, une immense procession aux flambeaux reconduisit à la gare les pèlerins qui quittaient Paray-Le-Monial. Et tout le monde se sépara fraternellement, tous heureux d'avoir participé à ce beau pèlerinage.

Pèlerinage de Notre-Dame-des-Victoires à Notre-Dame-des-Vertus

Notre-Dame-des-Vertus, située à Aubervilliers, était autrefois un des sanctuaires les plus vénérés des environs de Paris. On y venait en pèlerinage plusieurs fois dans l'année et il s'y est accompli à diverses époques des faits miraculeux.

Le curé, monsieur l'abbé Amodru fut auparavant sous-directeur de l'Archiconfrérie de Notre-Dame-des-Victoires et lors du pillage de l'église en 1871, il fut arrêté et emprisonné à la prison de la Roquette. Il lança un appel pour rétablir les anciennes traditions et le 12 mai 1874, plusieurs milliers de pèlerins se pressaient dans son église, emmenés par l'abbé Chevojon, curé de Notre-Dame-des-Victoires. Celui a prononcé un vibrant discours dont je donne des extraits : « Nous sommes venus d'abord attirés par un souvenir, le souvenir des grâces obtenues durant des siècles dans ce sanctuaire, par l'intercession de la très Sainte Vierge, nous sommes mes frères, du nombre de ceux qui croient à la puissance de la très Sainte Vierge ».

Il y a cinq siècles, en l'année 1336, une sécheresse persistante menaçait la région et une grande partie de la France. Une jeune fille se jette à genoux au pied de cet autel. Elle prit Marie avec ferveur et tout à coup, elle croit voir la statue de la Vierge perler de gouttes de rosée. C'est une pluie qui se forme, qui descend et inonde l'autel. Et au même instant, le ciel se couvre de nuages. L'eau tant désirée commence à tomber.

Deux siècles plus tard, en 1529, le clergé de Paris a la pensée de venir prier Notre-Dame des Vertus. Une procession de milliers de torches s'ébranle dans la nuit du vendredi saint au samedi saint de Notre-Dame-de-Paris à Notre-Dame-des-Vertus. Oui, Paris s'enflammait, c'était un incendie d'amour. Cette foi ardente toucha le cœur de Marie.

Notre-Dame-des-Vertus sauva la France du protestantisme. Cependant, la lutte continuait.

Puis vint un de nos rois les plus chrétiens, et surtout le plus dévot à Marie. C'est lui qui consacra solennellement la France à Marie. Louis XIII vint et revint à plusieurs reprises à pied en humble pèlerin à ce sanctuaire de Notre-Dame-des-Vertus.

Il y vint plus particulièrement en 1628 afin que Marie bénisse ses armées, et il s'engagea à lui témoigner magnifiquement sa reconnaissance. La Sainte Vierge, l'exauce et le voilà de nouveau à ses pieds après la victoire de La Rochelle.

Il veut au centre de Paris, en mémoire de la puissante protection dont Marie l'a couvert, élever un monument qui transmettra à travers les siècles, le souvenir des victoires qu'elle lui a fait remporter. Et cette église s'appellera pour cela Notre-Dame-des-Victoires.

Un document précieux authentique récemment découvert par le nouveau curé de cette paroisse, atteste le fait. « Je bénis Notre-Dame-des-Vertus de nous avoir donné à tous, de m'avoir préparé à moi-même, avec ses gloires et ses consolations, Notre-Dame-des-Victoires ».

Durant cinq siècles, la foi en la puissance de la Sainte Vierge dans ce sanctuaire, a été si vive que tous les saints, toutes les âmes d'élite s'y sont succédé : Saint-François-de-Sales, Saint-Vincent-de-Paul, le cardinal de Bérulle, la Bienheureuse Marie de l'Incarnation, Saint-Jean-Baptiste de la Salle, monsieur Olier, qui vint demander les grâces nécessaires pour la fondation de Saint-Sulpice.

« À ses pieds aujourd'hui dans ce sanctuaire où tant de fois, elle a béni, elle a protégé, elle a sauvé la France, prions-la, demandons-lui de rendre à la France son ancienne foi, son ancienne ardeur. Qu'elle redevienne ce qu'elle a été si longtemps et si glorieusement la fille aînée de l'Église.

Je ne sais pas dans quel état vous êtes mes très chers frères.

Êtes-vous dans la grâce de Dieu ? Y a-t-il ici des pécheurs ?

Eh bien, qui que vous soyez, la Sainte Vierge vous aime, elle s'intéresse à vous, elle cherche à vous sauver, elle s'occupe de vos âmes, elle intercède pour vous auprès de son fils. Elle lui demande les secours qui vous sont nécessaires pour rester fermes et inébranlables au milieu des épreuves qu'il vous faut subir. Priez Marie, elle est le refuge des pécheurs, elle est la consolatrice des affligés, elle est le salut des infirmes, elle est le secours tout-puissant des Chrétiens. Avec elle, vous n'avez rien à craindre.

Levez-vous, mettez-vous à genoux et tous ensemble du fond de nos cœurs, récitons trois fois le « Notre père » et trois fois le « Je vous salue Marie ».

Une première fois pour la France, une seconde fois pour l'Église et une troisième fois pour nous et pour tous ceux qui nous sont chers ».

L'assistance tomba à genoux et il n'y eut qu'une voix et qu'un cœur pour cette triple prière.

Notre-Dame-des-Victoires
et la Commune

« Reconnaissance à Marie, qui m'a permis de sauvegarder sa statue vénérée à Notre-Dame-des-Victoires le 17 mai 1871.

J. Libman »

Cet ex-voto a été posé en 1903. Jacques Libman, né dans l'est de la France, était un juif converti au catholicisme.

Avant d'en arriver aux tragiques événements du mois de mai 1871, je voudrais faire un bref rappel historique.

La France est un empire.

Le 19 juillet 1870, c'est la déclaration de guerre de la France à la Prusse.

Le 2 septembre 1870, l'armée à Sedan capitule et Napoléon III est fait prisonnier.

Le 4 septembre 1870, c'est la proclamation de la IIIe République à l'Hôtel de ville.

Le 19 septembre 1870, c'est le début du siège de Paris qui durera 138 jours.

Le 28 janvier 1871, l'armistice entre la France et la Prusse est signé. Un gouvernement est formé avec Thiers à sa tête.

Le 10 mars 1871, le gouvernement s'installe à Versailles. La garde nationale se structure en fédération.

Le 18 mars 1871, le gouvernement tente de reprendre les canons situés sur la butte Montmartre.

Paris se révolte, c'est l'aventure de la Commune de Paris qui va durer 9 semaines et se terminer dans un bain de sang avec la reprise de la capitale par les troupes versaillaises.

Durant la Commune, l'Église concentre la haine des fédérés, les curés de paroisses parisiennes sont contraints de se cacher. Des églises sont réquisitionnées, 24 d'entre elles sont transformées en clubs, 13 sont fermées. 300 prêtres et religieuses sont arrêtés, dont l'archevêque monseigneur Darboy.

À Notre-Dame-des-Victoires, le curé, le père Chanal, successeur du père Des Genettes, est contraint de partir le 5 avril car il est menacé (mercredi saint). Les trésors de l'église sont cachés dans les sépultures, ciboires, ostensoirs, bijoux et plusieurs couronnes : Pie IX, marquise de Wellesley.

Le 30 avril, un fédéré demande à faire la quête dans l'église pour soutenir ses camarades.

Le 14 mai, dans une lettre au Conseil de fabrique, le maire du IIe Eugène Pottier, déclare vouloir louer l'Église.

Le 17 mai, il est 16h45, veille de la fête de l'Ascension, le 159e bataillon des fédérés arrive musique en tête, pénètre dans l'église, et bloque les issues mais n'ose pas interrompre l'office divin, la bénédiction du Saint-Sacrement.

À la sacristie, un prêtre réussit à récupérer les saintes espèces et à les emmener à l'église Saint-Roch. Un prêtre est séquestré dans la chapelle des catéchismes.

Dans l'église, c'est le chaos. Les fédérés pourchassent les fidèles, les expulsent. Les paroissiens se regroupent au pied de la statue de la Vierge pour la protéger, au péril de leurs vies car elle est menacée, des fédérés veulent la briser.

Un prêtre s'interpose, s'agenouille aux pieds de Notre-Dame des victoires en disant : « Vous voyez cette statue ? Elle est vénérée du monde entier. Je ne sors pas d'ici que vous ne m'ayez promis de la respecter et de ne pas la briser ». Il est aussitôt emmené en prison.

Témoin de la scène, Jacques Libman s'avance. On veut le faire prisonnier. « À votre aise, je vous prierai seulement de respecter la statue de la Vierge, elle est à moi, elle m'a été cédée ce matin même par le citoyen Fontaine, directeur du domaine ». La statue est sauvée, mais l'église est entièrement saccagée.

Les scènes de pillage durent trois jours. Les fédérés cherchent des objets précieux et les trouvent principalement dans le caveau de la famille Lulli.

La Sacristie est également pillée. Toutes les chapelles sont dévastées et l'autel de la Vierge n'est que désolation. Les reliques de Sainte-Aurélie sont sorties.

Le 19 mai, le tombeau du Père Des Genettes, curé et fondateur de l'Archiconfrérie est profané, sa tête est promenée au bout d'une pique. Les ossements sont sortis des tombeaux et entassés sur la place.

On accuse même l'Église d'avoir commis des crimes.

Au cours de cette tragique semaine, des barils de pétrole sont installés dans la cour qui jouxte l'église. Il était prévu de faire sauter la Banque de France, la Bourse et Notre-Dame-des-Victoires le 24 mai. Le Louvre et Notre-Dame-de-Paris seront sauvés de justesse.

Le 21 mai, les troupes versaillaises entrent dans Paris.

Le 24 mai, Notre-Dame-des-Victoires est libérée. À cette époque, le 24 mai était une fête mariale. Notre-Dame Auxiliatrice, chère à Saint-Jean Bosco.

Malheureusement le même jour, sur les 54 otages détenus à la prison de la Roquette, six prêtres seront fusillés, dont l'archevêque de Paris, monseigneur Darboy.

Le 3 juin, un office de réparation est célébré, l'église sera réouverte au culte le 4 juin.

Il faudra plusieurs années pour réparer les dégâts. Ce sera la tâche du successeur du Père Chanal, le Père Chevojon.

Notre-Dame-des-Victoires durant les deux guerres

Le 2 août 1914, une guerre commençait. Elle allait durer quatre ans. La mobilisation sonnait le réveil de la foi et de pratiques oubliées.

Notre-Dame-des-Victoires est littéralement assiégée de l'aurore à la nuit, des milliers de fidèles se pressent dans la chapelle de la Sainte-Vierge. Des hommes, des femmes, des enfants s'agenouillent aux pieds de Marie pour lui confier un être cher en partance pour le front.

Dans l'ombre des petites chapelles, les confessionnaux sont investis surtout par des hommes. Tous confient leurs angoisses au Cœur Immaculé de Marie.

L'assaut des premiers jours se renouvelle durant les premiers mois. Le 6 août, c'est une messe solennelle pour la France qui fait déborder l'église, et le même soir commence une neuvaine de salut, que suivra tous les jours une foule assidue.

Durant le mois d'octobre, le rosaire est prié devant une assistance en augmentation continue.

Le 11 décembre 1914, une messe de départ des conscrits de la classe 1915 est célébrée par l'archevêque de Paris, monseigneur Amette.

Les communions sont nombreuses jusqu'à la fin de la guerre. Elles attestent une intensité dans le recours à Dieu et à la mère miséricordieuse.

Le 27 novembre 1914, un service pour les soldats est célébré à Notre-Dame-des-Victoires à la demande de la ligue patriotique des Françaises.

Dans le sanctuaire tendu de noir, tout le clergé est présent. Au-dessus des stalles, deux trophées de drapeaux français et alliés représentent les armées.

Dans le chœur, les membres de la ligue et derrière, des parents et amis en deuil venus même de province, remplissent toute la foule émue.

La Vierge des Victoires de la miséricorde et de la compassion attire plus que jamais toutes les angoisses et les espérances. Des journées de prières sont ordonnées par l'archevêque de Paris. Des supplications nationales où l'on compte jusqu'à 120 parlementaires autour d'un ministre d'État, des communions d'enfants, des manifestations de ferveur suscitées par monseigneur Rataud, curé de Notre-Dame-des-Victoires, telle une consécration renouvelée de la France au Cœur Immaculé de Marie, entraînent chaque mois les foules.

Les prières redoublent de ferveur face aux combats tragiques de Verdun. Un suppliant « Triduum » est célébré au fracas des bombardements.

Pour beaucoup de soldats, Notre-Dame-des-Victoires apparaît comme la maison familiale, entrevue de loin dans une évocation consolatrice et réconfortante. Plus encore que la vie intérieure du sanctuaire, se révèle au front son action rayonnante.

De nombreux échanges épistolaires ont lieu entre le front et le sanctuaire. Un soldat écrit à monseigneur Rataud : « Vos lettres me donnent du courage et beaucoup plus de ferveur pour Notre-

Dame-des-Victoires que vous m'avez appris à connaître et à aimer davantage ».

Les lettres de guerre apportent chaque mois le récit de préservations presque inexplicables.

Combien de fois la Médaille Miraculeuse n'a-t-elle pas fait dévier la balle ou l'éclat d'obus qui devait ouvrir une blessure mortelle ?

Combien de fois aussi l'homme qu'une attention pieuse avait recommandé, même à son insu ou contre son gré, aux prières de l'Archiconfrérie, échappa dans des conditions extraordinaires au péril qui ne pouvaient esquiver ?

Tel ce lieutenant resté debout sous la mitraille pour assurer la vie de ses hommes qui, la rafale passée sans l'atteindre, aperçue dans le sol à sa droite et à sa gauche, deux sillons creusés par les projectiles.

Tel ce soldat qui par deux fois stupéfait de se retrouver sain et sauf au milieu des blessés et des morts, s'écrie : « C'est étrange, il y a quelque chose qui me protège ».

Voici des extraits des deux lettres adressées au curé de Notre-Dame-des-Victoires parmi tant d'autres.

La première est celle d'un prêtre soldat : « Monsieur le Curé. En guerre, on n'a pas la possibilité d'écrire quand et comme on veut, je ne puis cependant tarder trop à vous signaler un fait qui vous sera un nouveau témoignage de la protection de Marie sur ses enfants.

Mardi dernier, j'ai donné les derniers sacrements au bruit du canon, là-bas, sur la frontière, à un jeune homme entre mes bras peu après. Or, ce jeune homme aurait dû mourir sur le champ de bataille. Blessé comme il l'était, il n'aurait pas dû être rencontré par moi car c'est au dernier moment que l'on m'a demandé de remplacer un des sept infirmiers envoyés dans la direction où il était.

Mais en cherchant au cou du jeune homme après sa mort, sa plaque d'identité pour faire l'acte de décès, j'ai trouvé un scapulaire et une Médaille de Marie. C'est elle qui avait veillé sur la dernière heure de son enfant et lui a envoyé un prêtre au dernier moment.

Remerciez Notre-Dame des Victoires pour ce cher enfant et priez-la pour la France, pour nos petits soldats, pour nos chers blessés et surtout pour ceux qui doivent mourir dans cette guerre ».

Une autre lettre de guerre : « Monsieur le curé, permettez-moi de vous remercier de votre grande bonté. Que de reconnaissance je vous dois ! Ne croyez pas que je vous oublie. Tous les jours en pensant à notre bonne mère, je pense à vous qui ne cessez de prier pour nos soldats.

Certes, votre prière sera exaucée, car tous les jours, nous ne voyons que des merveilles. Soldats se rendant en foule aux offices du dimanche quand nous sommes de repos, communions fréquentes d'autres n'ayant pas mis les pieds à l'église depuis leur première communion, reviennent comme par miracle à notre sainte mère l'Église.

Je crois que la guerre aura été un bienfait, car elle aura ramené le peuple français à des sentiments chrétiens.

Dimanche, nous avons assisté à la grand-messe à quelques kilomètres des Prussiens. La messe a été dite par un soldat prêtre, l'orgue tenu par un séminariste et l'église absolument pleine de militaires priant avec ferveur. Aux Vêpres, même affluence.

Mardi, nous avons eu un service religieux pour les soldats morts de notre régiment, un soldat prêtre officiait. L'église était tendue de drapeaux et de draperies noires. Officiers supérieurs et soldats ont tous pleuré après une belle allocution de monsieur le curé. Écrivez-moi de temps en temps, car vos lettres me donnent du courage » …

Un blessé a adressé une prière à Notre-Dame-des-Victoires : « Vierge majestueuse, ô digne souveraine dont le front sait porter la royale couronne, toi dont le sanctuaire au cœur du vieux Paris a vu passer jadis les fastes du grand siècle et toutes les splendeurs avec toutes nos gloires, écoute ma prière.

Ô Dame des Victoires, je veux t'offrir en guise d'ex-voto, non ma tranchante épée, mais ma blessure ouverte et le rouge ruban de mon sang qui s'épanche.

Ô Marie, douce dame, garde le sol français qui nourrit des héros. Le blessé plus qu'un autre, est puissant sur ton cœur. J'ai souffert, ô Marie pour cette France aimée.

Fais-nous chanter bientôt le Te Deum de gloire. Écoute ma prière ô Dame des Victoires ».

En 1916, à la demande instante des ligueuses qui ont des soldats sous les murs de Verdun, la ligue patriotique organisa le 2 mars 1916 une journée de prières et de supplications ininterrompue à Notre-Dame-des-Victoires.

De 6 heures à 11 heures du matin, des messes eurent lieu toutes les demi-heures à l'autel de la Sainte Vierge. Et de 12 à 18 heures, chaque chapelet fut récité sans interruption par des masses de fidèles qui se succédaient au pied de l'autel. À 16 heures, la foule était si dense qu'on eut peine à frayer un chemin pour monsieur le curé qui avait tenu à présider la cérémonie du soir du haut de la chaire.

Monsieur le curé commenta les mystères douloureux du rosaire, il fit jaillir une prière ardente pour la France, les combattants, les blessés et les familles affligées. Prière qu'il résumait dans des invocations à Notre-Dame des Victoires, reine de France, protectrice des soldats, mère et consolatrice des mourants et des familles en deuil.

Il y eut la journée des enfants qui commença par une communion générale, mais avec cette particularité qu'en tête du cortège, marchaient les enfants faisant leur première communion.

Désignée par l'archevêque de Paris comme le centre des supplications mariales de son diocèse, Notre-Dame-des-Victoires, fut envahie dès le matin par la foule.

Le 25 mars, fête de l'Annonciation, des enfants de Marie récitaient le chapelet à 14 heures. Puis à 16 heures, une cérémonie présidée par l'archevêque de Paris débutait par le champ du magnificat dans une église pleine à craquer et ne pouvant accueillir tous les pèlerins, dont un certain nombre qui dut rester sur le parvis. Il y eut récitation du chapelet, salut du Saint-Sacrement, puis lecture du haut de la chaire par monsieur le curé, de la consécration de la France au Cœur Immaculé de Marie, ordonnée pour le temps de la guerre.

En 1917, une prière est adressée à la Vierge Marie : « Mère depuis 30 mois, notre France éprouvée gémit des horreurs d'une interminable guerre. Si les péchés de sa vie privée, familiale, sociale en sont le principal motif, maintenant qu'elle a souffert, prenez-la en pitié.

La miséricorde délivre, que votre protection nous obtienne la liberté des frontières et des pays envahis.

La miséricorde soutient. Que votre assistance nous aide aux relèvements nécessaires d'un pays à rendre au Christ.

La miséricorde, couronne ô Notre-Dame de Pontmain, Notre-Dame de Lourdes, Notre-Dame des Victoires, sur le front de votre France, replacez la couronne des gloires passées.

Et à notre tour de nouveau toujours nous vous couronnerons du diadème de notre reconnaissance en vous disant tendrement : Notre-Dame de France, merci ».

Le 22 mars 1918 eut lieu à Notre-Dame-des-Victoires une messe pour les mères affligées en la fête de la compassion de la Sainte Vierge, présidée par l'archevêque de Paris.

Le 2 avril, Paris menacé par l'ennemi et bombardé, adressa une prière à la Sainte Vierge. L'archevêque de Paris avait ordonné un Triduum de prières.

Sortant de Notre-Dame-des-Victoires et voyant la foule qui n'avait pas pu entrer, l'archevêque remercia chaleureusement tous les pèlerins : « Merci mes chers diocésains. Vous n'avez pas pu entrer dans le cher sanctuaire, mais le Cœur de la Vierge est plus vaste que nos temples.

Courage et confiance, ils ne passeront pas. Le Sacré Cœur et Notre-Dame-des-Victoires sont là pour défendre Paris, pour sauver la France ».

Le credo fut chanté sur la place des Petits Pères.

1919, la guerre est terminée. Une touchante cérémonie eut lieu à Notre-Dame-des-Victoires.

L'évêque de Tarbes décida que le jour anniversaire de la première apparition de la Sainte Vierge à Lourdes soit le 11 février, que solennellement tomberait pour jamais les tristes crêpes.

Ainsi encouragé, l'archevêque de Paris décida que deux de ces quatre bannières représentant l'Alsace Lorraine, qui avaient été apportées à Lourdes en 1872 et envoyées à Paris, seraient portées à Notre-Dame-des-Victoires. Ainsi la fête de Notre-Dame de Lourdes fut doublée d'une fête patriotique.

À 16 heures, l'archevêque de Paris arriva dans une église bondée. Beaucoup de personnes restèrent à l'extérieur. Un Magnificat enthousiaste salua la Vierge Marie, puis deux dizaines de chapelets avec la grande prière à Notre-Dame de Lourdes.

Après le sermon prononcé par le père Dehau, l'archevêque se lève dans un grand silence. Encadré par les deux bannières, le cardinal raconte leur histoire, il dit la délicate attention de l'évêque de Tarbes et le geste qu'il va faire. Ces deux bannières resteront à Notre-Dame-des-Victoires comme un ex-voto et une prière : « Des promesses ont été faites à l'Alsace Lorraine, promesse solennelle de lui garder ses coutumes, ses traditions, ses libertés religieuses. Ces promesses, il faut qu'elles soient tenues. Prions mes frères pour la pleine liberté religieuse de l'Alsace et de la

Lorraine, et qu'ainsi s'ouvre la porte au retour de cette même liberté dans la mère patrie ».

Sur ces mots, les bannières s'inclinent, et les couleurs nationales remplacent les crêpes arrachées par l'archevêque. En même temps, éclate aux grands orgues accompagnés par des trompettes et des voix, une cantate inédite composée par le maître de chapelle, monsieur Van Lisbeth dont je vous livre un extrait :

« France debout !

Sonne au drapeau !

Le vainqueur de leurs aigles noirs !

France à genoux !

Sonne au très haut !

À Notre-Dame-des-Victoires viens !

Chante !

Allume le flambeau et l'encens de toutes tes gloires ! »

Un salut solennel est ensuite donné par le cardinal pendant lequel Notre-Dame-des-Victoires a son Te deum officiel.

Et pour finir l'hymne à Jeanne d'Arc. La foule sort à regret, mais radieuse. Belle et émouvante cérémonie, grande journée.

1939, c'est de nouveau la guerre. Dès que le ciel s'obscurcit, les Parisiens accourent vers celle qui est leur unique espérance, Notre-Dame-des-Victoires.

On avait espéré, on avait prié même contre toute espérance. Les Polonais étaient attaqués et l'ennemi foulait leur sol. Des ardentes supplications s'élevaient vers la Vierge des Victoires.

Un journaliste du quotidien Paris-Midi écrivait en août 1939 : « Au soir d'une de ces longues journées d'attente, il est doux de franchir le seuil de l'illustre basilique.

Les ressentiments et les passions n'y ont pas accès, on y oublie la félonie des uns, la mauvaise foi des autres et l'âme se retrouve pure devant les cierges et les dorures de l'autel de la Vierge. Notre-Dame-des-Victoires a toujours été la permanence de la prière, elle est dans ses temps troublés que nous vivons, le refuge de toutes nos espérances.

Elle n'est certes ni la plus ancienne, ni la plus belle église de Paris, mais elle est assurément la plus humaine. Elle est là, rayonnante, Notre-Dame-des-Victoires, au milieu des trophées et des cierges ».

Pour diriger la prière et l'intensifier à l'exemple du père Chanal en 1871 et de monseigneur Rataud en 1914, le père Jourdain décida de célébrer une neuvaine solennelle aux pieds de la Sainte Vierge du 4 au 12 septembre 1939.

L'archevêque de Paris, le cardinal Verdier l'approuva et la recommanda par les lignes suivantes, que le journal La Croix publia dès le dimanche 3 septembre et les grands quotidiens quelques jours après : « Dans les dramatiques circonstances où nous nous trouvons, la prière reste notre meilleure espérance. Hier, nous avons confié au Sacré Cœur de Jésus, Paris et la France.

La grande fête de la Nativité de Marie approche. Allons à celle que nous appelons notre mère et dans le sanctuaire qui est comme sa demeure parisienne, le sanctuaire de Notre-Dame-des-Victoires. Nous lui confierons nos chers mobilisés, les épouses, les mères, les enfants qu'ils ont laissés, les intérêts de notre chère France. »

Le programme de ces supplications indiquait : « À 8 heures messe suivie du chapelet. À 16 heures chapelet et salut. À 20 heures, chapelet et salut ».

Malgré les départs pour le front et pour la province, les alertes toujours possibles et les difficultés de transport, l'assistance se maintint nombreuse pendant les neuf jours, particulièrement le 8 septembre, le 10 et le jour de clôture le mardi 12, fête du Saint nom de Marie.

Le 10 septembre 1939, le chœur était encombré des tableaux de Van Loo que les Beaux-Arts avaient descendus pour les mettre à l'abri d'un éventuel bombardement.

Le buste de Lulli fut aussi enlevé. Les toiles et le buste furent emportés le 15 septembre vers une destination inconnue, la même opération avait été effectuée en 1914.

Un registre déposé sur l'autel de la Vierge fut ouvert pour inscrire les noms des soldats. Il y en eu deux avec 23 506 militaires inscrits de 1939 à 1945. Beaucoup d'inconnus, mais aussi des militaires célèbres, je vous en livre quelques-uns :

Maurice Merleau-Ponty, philosophe.

Georges Bidault.

Commandant de Boissieu, futur gendre du général De Gaulle. Général de Lattre de Tassigny.

Général Olivier d'Argenlieu.

Lieutenant Guy de Bonneval qui deviendra l'aide de camp du général De Gaulle.

L'abbé Jean Rouby qui sera curé de Notre-Dame-des-Victoires en 1961.

L'abbé Jacques de Jésus, carme au couvent d'Avon, qui cacha des enfants juifs, et fut dénoncé et déporté au camp de Mauthausen. L'État d'Israël lui décerna à titre posthume la médaille des Justes le 9 juin 1985.

Louis Malle en fit un film : « Au revoir les enfants ».

Henri Cartier-Bresson, Guy des Cars, Gilbert Cesbron, Antoine de Saint-Exupéry, Vallery-Radot.

Le maréchal Pétain, les généraux De Gaulle, Catroux, Noguès Giraud, Weygand, de Castelnau, l'amiral Abrial.

Le 22 octobre 1939 en la fête titulaire de Notre-Dame-des-Victoires, une délégation polonaise fut accueillie.

Le drapeau polonais fut placé près de l'autel de la Sainte Vierge. Cet étendard brodé et surchargé à l'envers d'une vierge de Czestochowa avec l'exergue Semper Fidélis. Il rejoignait à l'autel de la Sainte Vierge un autre étendard aux couleurs de la France, le drapeau militaire du cercle catholique de Bicêtre.

Au début de la mobilisation, le directeur l'apporta à Notre-Dame-des-Victoires en disant : « Tout le monde est parti et je n'ai personne pour le garder, je le confie à la Sainte Vierge.

À la fin de la guerre, le drapeau polonais prit le chemin du sanctuaire de Czestochowa.

Une prière adressée à Marie pour la France fut publiée en avril 1940, et une autre le 15 août, au retour de la procession du Vœu de Louis XIII.

Le 7 avril 1940, un drapeau anglais fut solennellement apporté à Notre-Dame-des-Victoires, le God Save the King accompagna la procession à l'autel de la Sainte Vierge où le père Jourdain déposa le drapeau et récita un Pater et un Ave pour l'Angleterre, les alliés de la victoire. La foule se dispersa aux accents de la Marseillaise.

Le 1 septembre 1944, le général De Gaulle vint accompagné du général Koenig pour une messe d'Action de grâce.

En ce qui concerne les événements qui eurent lieu à Notre-Dame-des-Victoires, je ne peux vous en dire davantage, les archives et les annales de l'Archiconfrérie sont inexistantes. Les annales s'arrêtèrent en 1940 et ne reprirent qu'en 1961.

Les visiteurs célèbres

Depuis sa fondation par le roi Louis XIII en 1629, l'église Notre-Dame-des-Victoires a vu passer beaucoup d'hommes et de femmes. Inconnus pour la plupart, pèlerins ou en quête de sens, ils sont venus rendre grâce à la Vierge Marie pour une conversion, une guérison ou implorer son aide dans une situation difficile.

Des personnages connus sont venus ici au fil des siècles. Je les ai classés en plusieurs catégories : les religieux, les militaires et hommes politiques, les scientifiques, les têtes couronnées et les artistes, musiciens, peintres et écrivains.

Les religieux

Au 17e siècle, sous le règne de Louis XIV, Jacques Benigne Bossuet, célèbre pour ses oraisons funèbres.

Je passe le 18e siècle pour arriver au 19e siècle. La plupart des visiteurs dont je vais parler sont venus lorsque le père Des Genettes est curé de Notre-Dame-des-Victoires.

Tout d'abord, les convertis : Théodore et Alphonse Ratisbonne, Juifs convertis au catholicisme.

Théodore Ratisbonne, converti en 1826, devient prêtre et membre actif de l'Archiconfrérie. Devenu un ami pour l'abbé Des Genettes, il l'accompagne à Rome en 1842 pour rendre visite au pape Grégoire XVI.

En 1843, il fonde la congrégation Notre-Dame de Sion en Action de grâce pour la conversion de son frère Alphonse.

Alphonse Ratisbonne était athée. Le 20 janvier 1842, il entre dans l'église Sant'Andréa delle fratte à Rome. Il est saisi par la vision de la Vierge Marie telle qu'elle est représentée sur la Médaille Miraculeuse. Ce sera reconnu comme un miracle.

Le 30 mars 1842, il s'affilie à l'Archiconfrérie et deviendra prêtre.

La Médaille Miraculeuse liée aux apparitions de 1830 et la conversion d'Alphonse Ratisbonne sont fêtées le 27 novembre 1894.

Un autre converti, François Libermann qui a reçu le baptême en 1826. En 1839 avec deux amis séminaristes, il se joint à une campagne de prières organisée par l'abbé Des Genettes pour la réhabilitation des populations de l'Afrique noire soumise à l'esclavage. Il va alors se consacrer à l'évangélisation de ces populations avec le souci de la dignité de leurs habitants et de leur culture.

Ordonné prêtre en 1841, il célébrera sa première messe à Notre-Dame-des-Victoires. Devenu supérieur général de la congrégation du Saint-Esprit, il sera toujours aidé par le père Des Genettes à l'origine de l'implantation des Spiritains sur le continent africain.

Encore un autre converti, Hermann Cohen, enfant prodige du piano, remarqué par France Liszt, il devient son disciple et le rejoint à Paris à l'âge de 12 ans. En 1847, dirigeant un chœur dans l'église Sainte-Valère à Paris, il est bouleversé par le mystère de la présence eucharistique.

Il est baptisé le 28 août 1847. Encouragé par l'abbé Des Genettes, il fonde le 6 décembre 1848 l'œuvre de l'adoration avec l'abbé de la Bouillerie. Il entrera chez les Carmes.

Saint Théophane Venard, prêtre des Missions Étrangères, confie son ministère à Notre-Dame-des-Victoires avant de partir au Tonkin en 1853, où il y mourra martyr.

Autre figure, le père Lacordaire, qui restaurera l'ordre des Dominicains en France. Il vient prêcher à Notre-Dame-des-Victoires le 15 janvier 1844.

Une solide amitié s'établira avec le père Des Genettes qui entrera dans le Tiers-Ordre dominicain.

En 1833, le jeune Frédéric Ozanam fonde avec l'appui du père Des Genettes les conférences de Saint-Vincent-de-Paul.

En 1883, son frère, monseigneur Ozanam, viendra fêter le 50e anniversaire des conférences de Saint-Vincent-de-Paul.

La Bienheureuse Anne-Marie Javouhey, fondatrice de l'ordre de Cluny, viendra régulièrement à Notre-Dame-des-Victoires dès 1843. Elle a fondé des communautés en Afrique, aux Antilles, et consacré sa vie à la libération des esclaves, notamment en Guyane.

Père Emmanuel d'Alzon, ascensionniste. Extension du règne de se consacrer à l'œuvre naissante, 1845.

L'abbé Roussel, à l'origine des orphelins d'Auteuil, célèbre sa première messe à Notre-Dame-des-Victoires. Il avait pour directeur spirituel le père Des Genettes.

J'en arrive au 28 avril 1883. Un prêtre Italien, fondateur des Salésiens, Don Bosco, célèbre la messe à l'autel de la Vierge. Durant l'office, il entend le jeune Louis Colle, mort peu de temps auparavant, lui dire : « C'est ici la maison des bénédictions et des grâces ».

Quatre ans après, le 4 novembre 1887, une jeune fille, Thérèse Martin, vient à Notre-Dame-des-Victoires, accompagnée de son père et de sa sœur Céline. « Arrivés à Paris dans la matinée, nous commençâmes aussitôt à la visiter. Aussi, nous eûmes bientôt vu toutes les merveilles de la capitale. Pour moi, je n'en trouvai qu'une seule qui me ravit. Cette merveille fut Notre-Dame des Victoires. La Sainte Vierge m'a fait sentir que c'était vraiment elle qui m'avait souri et m'avait guéri. J'ai compris qu'elle veillait sur moi. »

Son papa Saint-Louis Martin, venait régulièrement à Notre-Dame-des-Victoires lorsqu'il était étudiant en horlogerie. Il appelait l'église « le petit paradis ».

Le 2 juillet 1893, l'abbé Achille Ratti vient à Notre-Dame-des-Victoires en tant que secrétaire d'un évêque. Il sera connu plus tard en devenant le pape Pie XI qui béatifiera, canonisera et proclamera sainte Thérèse, patronne des missions en 1927.

La même année, il élèvera l'église de Notre-Dame-des-Victoires au rang de basilique mineure grâce à l'Archiconfrérie.

En 1919, le cardinal Vico consacre la basilique du Sacré-Cœur de Montmartre et dans la foulée, se rend à Notre-Dame-des-Victoires.

En 1923, il présidera les fêtes de béatification de Thérèse à Lisieux.

En 1952, le Nonce apostolique Angelo Roncalli, vient à Notre-Dame-des-Victoires pour le centenaire des Spiritains. C'est le futur Saint Jean XXIII.

Le 24 octobre 1998, l'abbé Pierre fête ses 60 ans de sacerdoce à Notre-Dame-des-Victoires.

Les militaires

Après les religieux, il y eut des militaires et hommes politiques qui sont passés à Notre-Dame-des-Victoires.

Les maréchaux Pélissier, Mac Mahon, Foch, le général Gallieni.

Le 1 septembre 1944, le général De Gaulle, accompagné du général Koenig et Chaban-Delmas sont venus à Notre-Dame-des-Victoires.

Un grand résistant et ministre du général De Gaulle, Edmond Michelet est venu également, il y a d'ailleurs un ex-voto dans la chapelle de la Vierge.

Un chancelier allemand est venu en 1931 : Heinrich Brüning.

Les scientifiques

Je peux vous citer parmi les scientifiques : Pasteur, Ampère et Kepler.

Les têtes couronnées

Des têtes couronnées sont passées à Notre-Dame-des-Victoires au fil des siècles : Anne d'Autriche, Louis XIV, sa femme, la reine Marie-Thérèse.

Marie Leczinska épouse de Louis XV, qui se mettait dans une tribune. Le roi Charles X et l'impératrice Eugénie, épouse de Napoléon III.

Les artistes : musiciens, peintres et écrivains

Le premier est un visiteur à titre posthume : Lulli. Mort en 1687, il est enterré dans cette église.

En 1778, le jeune Mozart qui est à Paris avec sa mère, écrit à son père le 3 juillet : « Quand je reviens à Paris, je ne manque jamais de me rendre à Notre-Dame-des-Victoires pour dire mon chapelet. Le compositeur et pianiste Franz Liszt s'est rendu à Notre-Dame-des-Victoires également.

Parmi les peintres, il y eut Horace Vernet, Claudius Lavergne, élève de Ingres, qui a fait le portrait du père Des Genettes et le vitrail qui se trouve à la chapelle Saint-Augustin. Un autre portrait de notre cher curé a été réalisé en 1847 par Court.

Le peintre Georges Desvallières, qui s'est converti à Notre-Dame-des-Victoires, fondera plus tard avec Maurice Denis les ateliers d'art sacré. Il avait fait le vœu de ne peindre que des œuvres religieuses.

Je termine mes propos avec deux écrivains, Joris Karl Huysmans convertit lui aussi à Notre-Dame-des-Victoires.

Plus connue, l'écrivain Colette, qui habitait au Palais-Royal, écrit en 1942 : « Le chemin le plus foulé du palais Royal mène à notre Notre-Dame-des-Victoires.

C'est une église ou comme à la fontaine du village, toutes les soifs vont boire.

Personne n'a scrupule de donner à la Vierge couronnée un court loisir, une oraison.

L'église est chaude de suppliques, de cierges et de gratitude. Entre les offices, le silence est grand, mais chaque pierre est gravée et parle ».

Notre-Dame-des-Victoires
devient basilique

Notre-Dame-des-Victoires est une basilique mineure, mais elle n'a pas été toujours basilique.

Je voudrais d'abord définir ce qu'est une basilique.

C'est le mot qui vient du latin « basilica » qui signifie royal.

C'était un bâtiment où bien avant l'ère chrétienne, siégeait un dignitaire royal. Une basilique est donc une église remarquable par sa valeur commémorative consacrée à un aspect du mystère chrétien ou d'un saint particulièrement vénéré.

Il y a quatre basiliques majeures à Rome : Saint-Pierre, Saint-Jean de Latran, Sainte-Marie-Majeure et Saint-Paul-Hors-Les-Murs.

La cinquième basilique majeure se trouve à Jérusalem.

Les autres basiliques sont appelées mineures et rattachées à une basilique majeure.

Notre-Dame-des-Victoires est rattachée à la basilique de Sainte-Marie-Majeure.

Il y a deux objets symboliques qui sont inhérents à une basilique : la clochette tintinnabulum, qui est portée lors des processions.

Le deuxième objet est le pavillon ou ombrellino pontifical. C'est une armature de bois habillée de bandes de soie rouge et jaune, héritée de l'ancien Sénat romain et surmontée d'un globe de cuivre doré portant une croix.

Le pavillon est un signe de communion avec l'Église et il est entièrement déployé uniquement en présence du pape.

Sur le pavillon est posé un timbre héraldique.

Celui de Notre-Dame-des-Victoires représente les armes royales de France, puisque Louis XIII est le fondateur et le protecteur de cette église.

Si vous venez souvent, vous aurez constaté qu'il n'y a pas longtemps que ces deux objets sont là. Agence de notre recteur, le père d'Augustin menant à bien les travaux.

Une basilique doit toujours avoir la clochette.

Le 12 mars 1927, le pape Pie XI publie un bref qui érige l'église de Notre-Dame-des-Victoires en basilique mineure.

Alors je vous lis le texte du pape XI, pour perpétuelle mémoire : « Il existe à Paris une église dédiée au Dieu, très bon et très grand, en l'honneur de la Bienheureuse Vierge, mère de Dieu sous le vocable de Notre-Dame-des-Victoires.

La construction de cette église fut entreprise dès l'an 1629, grâce à la magnificence du roi de France Louis XIII, qui en prit les dépenses à sa charge. Mais les travaux ayant traîné en longueur, n'en furent achevés qu'en l'an 1740.

Elle fut enfin consacrée solennellement le 13 novembre de la même année.

Confiée alors aux religieux de l'ordre de Saint-Augustin, elle fut enrichie d'œuvres d'art, d'ornements et de vases sacrés, mais aussi de boiseries sculptées qui en décorent entièrement le chœur. Des tableaux d'une facture remarquable, œuvre d'un peintre français de grand talent qui en ornent aujourd'hui magnifiquement les murs.

À la fin du 18ᵉ siècle, cette église subit les dommages et les profanations que les maîtres impitoyables de la République lors de la Révolution française infligeaient aux objets de culte chrétien, aux églises et couvents.

Les moines furent chassés de Notre-Dame-des-Victoires et l'église affectée à des usagers profanes. Par la suite, elle fut rendue au culte et les archevêques de Paris y fondèrent une paroisse dont ils confièrent la charge à des prêtes séculiers.

C'est dans la chapelle de cet édifice paroissial dédiée au Cœur Immaculé de la Bienheureuse Vierge Marie, que fut érigée la très célèbre Archiconfrérie, qu'y fonda le curé de Notre-Dame-des-Victoires en décembre 1836.

Très nombreux sont les fidèles de tout rang et de toute classe qui ont donné leur nom à cette Archiconfrérie ou aux confréries affiliées, qui ont été érigées avec beaucoup de fruits non seulement à Paris et en France, mais dans toutes les parties du monde.

Depuis l'établissement de l'Archiconfrérie jusqu'à ce jour, tout le monde vient dans ce sanctuaire parisien pour y vénérer la statue de Notre-Dame-des-Victoires.

Des foules innombrables de fidèles s'y rendent en pèlerinage et manifestent de jour en jour ouvertement une très grande dévotion envers la mère de Dieu.

Nous-mêmes jadis, à l'aurore de notre sacerdoce, alors que nous accompagnions à Paris un ablégat du Saint-Siège, désireux de témoigner notre foi et notre vénération envers la Vierge Marie, honorée sous le vocable de Notre-Dame-des-Victoires. Nous sommes allés pieusement rendre nos devoirs à son image dans cette église parisienne.

C'est pourquoi, nous remémorant tous ces souvenirs, nous avons résolu avec empressement et de grand cœur d'accéder aux prières que nous a adressé le curé actuel de Notre-Dame-des-Victoires.

Avec la très haute approbation de l'archevêque de Paris, Louis Dubois, cardinal de la Sainte église romaine, nous suppliant instamment de vouloir élever à la dignité de basilique mineure cette église mémorable sanctuaire de Marie.

Après avoir pris conseil auprès de notre vénérable frère Antoine Vico, cardinal de la sainte église romaine, évêque de Porto et de Sainte-Rufine, préfet de la sacrée congrégation des rites ; de notre propre mouvement après exacte information et mûre délibération, en vertu de nos pleins pouvoirs apostoliques, par la présente lettre.

Nous conférons à perpétuité à l'église et au sanctuaire Notre-Dame-des-Victoires, érigés dans la ville et le diocèse de Paris, le titre et la dignité de basilique mineure, avec tous les privilèges et les honneurs qui, d'après l'usage et les décrets de la sacrée congrégation des rites aux édifices sacrés favorisés de ce titre.

Ainsi nous décidons et nous entendons que la présente lettre soit et demeure ferme, valable et efficace à perpétuité. Qu'elle produise et obtienne ses effets pleins et entiers, qu'elle reçoive le plus complet assentiment de tous ceux qu'elle concerne ou qu'elle pourra concerner à l'avenir.

Qu'elle inspire les jugements et les sentences, et que tout ce qui pourrait être tenté à l'encontre, sciemment ou non, par qui que ce soit et quelle que soit son autorité, soit dès maintenant nul et non avenu.

Donné à Rome, près de Saint-Pierre, sous l'anneau du pécheur, le 12ᵉ jour de mars de l'année 1927 de notre pontificat la sixième ».

C'est signé cardinal Gaspari, secrétaire d'État, mais la lettre apostolique est bien du pape.

Pour terminer, l'abbé Achille Ratti, futur Pie XI, est venu le 2 juillet 1896, il est mentionné sur le livre d'or de la basilique.

Le cardinal Vico, légat du pape, a consacré la basilique du Sacré-Cœur le 16 octobre 1919 à Notre-Dame-des-Victoires, il a signé le livre d'or le 18 octobre 1919. Il est lié à la béatification de Thérèse. Et le 30 septembre 1925, c'est lui qui a déposé la palme d'or dans la châsse de Thérèse.

Notre-Dame-des-Victoires aujourd'hui

Discrètement niché au cœur de Paris, entre la bourse et le Palais Royal, Notre-Dame de victoire est toujours un sanctuaire marial bien vivant.

Animé par les bénédictines du Sacré-Cœur de Montmartre depuis une trentaine d'années, la basilique vit chaque jour au rythme des messes, au fils, chapelet et adoration eucharistique.

Une messe pour les malades est radiodiffusée chaque jeudi à 14h30.

Les nombreux pèlerins qui s'y pressent viennent essentiellement de la région parisienne, mais également de province et de l'étranger. Des groupes viennent régulièrement passer un temps de prière aux pieds de la Sainte Vierge.

Des enfants se préparant à la première communion, la profession de foi ou la confirmation viennent passer une journée de retraite.

Chaque samedi, un temps de prière mariale est proposé avec les membres de l'Archiconfrérie du très Saint Cœur et Immaculé de Marie.

Le premier samedi de chaque mois, la basilique honore le Cœur Immaculé de Marie, en union avec les membres de l'Archiconfrérie présents dans le monde entier. La messe est suivie d'un temps marial d'intercession pour la conversion des pécheurs, suivi de la prière pour les malades avec adoration du Saint-Sacrement.

Notre-Dame-des-Victoires est également l'épicentre du pôle mission du diocèse de Paris. L'église est toujours chaude des prières de supplications, d'actions de grâces et des lumignons qui brûlent nuit et jour.

Sainte Thérèse de l'Enfant-Jésus qui vint le 4 novembre 1887 est honorée chaque année du 5 au 13 mai. Un reliquaire est exposé durant la neuvaine de prières pour les malades.

Les portes de la basilique s'ouvrent tout au long de la journée pour accueillir des croyants, des agnostiques, des curieux, des passionnés d'histoire.

Les bénévoles qui assurent l'accueil recueillent régulièrement les témoignages des visiteurs qui ressortent de l'église.

Je termine ce chapitre et ce livre en citant l'écrivain Joris Karl Huysmans, qui écrivit le roman « En route ».

Voici comment il parle de Notre-Dame-des-Victoires : « L'église de Notre-Dame-des-Victoires en son architecture, peut-être au point de vue esthétique discutable, et j'y suis allé quelquefois pourtant, parce que seul à Paris, elle possède l'irrésistible attrait d'une piété sûre, parce que seule, elle conserve intacte l'âme perdue des temps.

À quelque heure qu'on y aille dans un silence absolu, des gens prosternés y prient. J'ai cette impression bizarre que la Vierge attirée, retenue par tant de foi, ne fait que séjourner dans les autres églises, qu'elle n'y va qu'en visite, tandis qu'elle est installée à demeure, qu'elle réside également à Notre-Dame-des-Victoires ».

Sources bibliographiques

Histoire de l'église de Notre-Dame-des-Victoires, depuis sa fondation jusqu'à nos jours

Abbés Lambert et Buirette

1872

Librairie Victor Lemasle, Paris

Manuel d'instructions et de prières à l'usage des membres de l'Archiconfrérie

M. Dufriche Des Genettes, curé de Notre-Dame-des-Victoires

7ème édition 1841

Imprimerie Bailly, Paris

Manuel de l'Archiconfrérie

M. l'abbé Ferrand, revue par M. Chevojon, curé de Notre-Dame-des-Victoires

Nouvelle édition 1895

Imprimerie Tardy Pigelet, Bourges

Notice sur la vie

M. Dufriche Des Genettes par E.A De Valette

1860

Ambroise Bray libraire éditeur, Paris

Le pèlerin de Notre-Dame-des-Victoires

Abbé Dumax

1894

Imprimerie Tardy Pigelet, Bourges

Le Vœu de Louis XIII

Pierre Delattre

1638-1938

Maison de la bonne presse, Paris

Un siècle à Notre-Dame-des-Victoires, le livre du centenaire

François Veuillot

1936

Éditions Jacques Bauer, Paris

L'abbé Des Genettes, serviteur et apôtre de Marie

Sœur Marie-Angélique De La Croix

2000

Association de la lutte contre la réforme catholique en France

Notre-Dame-des-Victoires pendant la Commune

Lettres justificatives et documents conservés par l'abbé François Amodru, publié par Monsieur Bargés

1890

Lecoffre librairie, Paris

Livres d'or de Notre-Dame-des-Victoires de 1871 à nos jours

Lettre du curé d'Ars à monsieur Des Genettes

1845

Notre-Dame-des-Victoires et le Vœu de Louis XIII, origine et publication du vœu par l'abbé Louis Blond

1938

Éditions des presses modernes

Les grands pèlerinages de France, Notre-Dame-des-Victoires

L'abbé Breffy

1926

Librairie Letouzey et Ané, Paris

Remerciements

Au père Antoine d'Augustin, qui a eu l'idée et le souhait de concevoir un livre à partir de mes conférences mensuelles.

À ma belle-fille Eva Frugier, qui a retranscrit mes manuscrits, mis en page et illustré ce livre par ses photos.

À mes inspirateurs célestes : la Vierge Marie, le père Charles Des Genettes et Sainte-Thérèse de l'Enfant-Jésus, qui ont guidé ma plume.

Je dédie ce livre à mes enfants et petits-enfants.

Table des matières